京都・魔界への招待

蔵田敏明

淡交社

目には見えないモノが棲む都

この世には、人の目に見えるものだけが住んでいるのではない。人の目には見えないモノも棲んでいる。

モノとは「物」のことで、本来「霊」をあらわす。

おそろしい形相の鬼も、もともとは「隠」のことで、正体のわからないモノ（物）という意味であった。それがいつのまにか角と牙をもつ具体的な姿になったが、考えてみれば、姿がみえると鬼ではない。

物の怪とは、霊が病んで荒ぶっている状態をいう。怒ったり、嫉妬したりすると、生きていても、死んでいても肉体から霊が飛び出し、恨みの対象となる人物にとり憑く。いわゆる生霊と死霊である。これは人間だけとは限らない。犬や猫などの動物から筆や針などの道具類にまで及ぶ。

神は、超人的な力を持った霊である。五穀豊穣の神から荒ぶる神までたくさんいらっしゃる。そして妖怪は、神が落ちぶれたものだといわれている。いずれにしても、われわれが住んでいるこの世は、目に見える存在のものだけではなく、見えないモノと共存しているのである。

京都はそのことを最も理解している街である。いいかえれば、霊が最も大切にされている都であり、モノのあふれている空間である。

桓武天皇は都を定めるにあたって陰陽師の意見を重んじた。陰陽師は、船岡山に玄武、巨椋池に朱雀、鴨川に青龍、そして山陰道に通じる現在の松尾大社付近には白虎が棲むという現在の京都を選んだ。四つの霊獣に守られている四神相応の理想の場所である。また、桓武天皇は怨霊の存在も意識した。さらに、天門、鬼門のラインを重視した。このような見えないモノを認識する姿勢が王城を永遠のものとしたのである。

現在も、京都の町内では、北東の隅に石を置いたり、塩を盛ったり、小さな鳥居を置いたりしている。鬼門封じである。鬼門とは鬼や悪霊が出入りする方角のこと。また、鬼は角（隅）から出入りするので角を無くしている家もある。

農耕民族が多数を占める古代の日本は、まず、山に対して畏敬の念を持った。山は様々なものを産み出す。そして尽きることがない。草木、果樹、動物、そして滾々と湧く水。まさに生産の神であり、崇拝の対象であった。

自然に大きく左右される農耕は、生産に超人的な力を持つ山の神様を、田畑のある麓の里に迎える必要があった。伏見稲荷大社の初午の日に、稲荷山の神を「しるしの杉」に乗せて、家にお連れするのに象徴される。山の神様は、春から秋まで里にいて田畑に豊穣をもたらし、山に帰った。十一月になると、京都の各地で「お火焚」が行われるのは、火串から立ちのぼる煙に乗せて神様を山へお送りするためである。

山は農耕民族にとって神聖な場所であって、狩猟民族のように征服していく場所ではなかった。京都は山に囲まれている。特に北の山奥、鴨川の上流は重要な水源であった。岩屋山、貴船山、鞍馬山から流れ出る水脈は京都の生命線であり、常に神聖にしておく必要があった。洛北雲ヶ畑の北西に聳える岩屋山には龍神が棲み、貴船神社は、丑の刻詣りの伝説、そして鞍馬山に天狗が棲みつくのは当然のことであった。なぜなら、恐ろしい話が噂されるほどに、人間は近寄ることを避け、おのずと聖地は守護されるのである。

山という聖地を護る存在が天狗である。天狗は超人的な霊力を持ったモノで、人間にとっては恐るべき存在であった。山を荒らす者は、天狗にこらしめられた。不浄を許さない火の神の聖域である愛宕山に、天狗が飛来し棲息しているのは当然のことである。

ところが仏教が流布することによって、神として畏怖されていた天狗は、悪役に転じる。仏教の立場での天狗は、悟りを開くために学問をし過ぎて、人を見下すようになり、極楽往生もできないし、かといってよく学問をしているので地獄にいくこともなく、中途半端なまま彷徨うモノとして扱われる。問答をしかけたり、鼻が高いといった特徴が付け加わる。

京都の境目には鬼がよく出没する。

丹波と山城の境にある老ノ坂峠には、首塚大明神が祀られている。人間の血を酒とし、肴は人間の生肉という酒呑童子の生首が埋葬されているという。土蜘蛛退治をはじめ数々の武勇伝をもつ源頼光が、腕に覚えのある藤原保昌と四天王（渡辺綱、坂田公時、卜部季武、碓井貞光）を連れて、大江山に鬼退治しに行ったその帰りのこと。京にさしかかると、運んでいた鬼の首が急に重くなり、まったく動かなくなった。それで峠に鬼の塚が作られたのであった。

また、都の玄関口である羅城門の周辺に鬼が出るというので、渡辺綱が警護に当たっていた話や、さらには鬼女と闘った話は有名であるし、鞍馬山には美女の姿をした羅刹鬼が夜な夜な出現している。

京都は入口、出口、境界線に超人的な力をもったモノのドラマを多く作った。目に見えないモノに対して、敬虔な畏れがあるからこそ、旬や節目を大事にし、感謝をささげた京都の人びと。異界、それは京都人の心を反映したものなのであろう。

京都・魔界への招待　目次

怨みます、呪います

物の怪たちの夜

あの世へと続く道

魔界と暮らす

コラム

装丁・本文デザイン・イラスト　谷本天志
脚注　淡交社編集局

物の怪よ、退散せよ

四神の霊獣が東西南北を守護し、「気」が満ちる平安京

四神相応の地――みやこの条件

長岡京からわずか十年で都を遷さなければならなかった桓武《かんむ》天皇は、過去の教訓を生かし、慎重に都造りをすすめた。新都となる造営地にも、何十回と自ら足を運んでいる。そして延暦十三年(七九四)十月辛酉《かのととり》二十二日に、長岡京から遷っている。翌月八日に、新都は「平安京」と命名された。

「此の国、山河襟帯《きんたい》、自然に城を作《な》す。この形勝によりて新号を制すべし。よろしく山背国《やましろのくに》を改めて山城国となすべし……」と『日本紀略』に述べられているとおり、京都盆地は、北、東、西の三方を山に囲まれ、南のみが開けていた。山河襟帯とは、北山、東山、西山がまるで着物の襟《えり》のように、そして鴨川、桂川、宇治川、木津川が帯のように位置していることをいっている。その地形が、自然と城の形を形成しており、都となるにふさわしい条件を備えていた。陰陽師いわく、京都は「気」に満ちた吉地であった。

また東西南北を守護する神が宿る、四神《ししん》相応の地でもあった。

四神とは、四方位を護る神獣のことで、古代中国の思想による。歴代の中国の皇帝に重要視された思想で、北に玄武、東に青龍、南に朱雀《すざく》、西に白虎という架空の霊獣が配置され、都を守護した。吉地である四神相応の地形とは、東に清流のあるところに青龍が棲み、南に大沢のあるところに朱雀が棲み、西に大道があるところに白虎が棲み、北に高山のあるところに玄武が棲むといわれていた。そして京都盆地こそが、ぴったりとその条件を満たしていた。東の鴨川、南の巨椋《おぐら》池、西の山陰道、北の船岡山がそれにあたる。さらに平安京は、長岡京にくらべて水はけのよい扇状地であった。桓武天皇にとって、長岡京は陰惨な地となっていた。

延暦三年（七八四）に平城京から山背国乙訓郡の長岡京に遷都したものの、その翌年に桓武帝の重臣藤原種継《たねつぐ》暗殺事件が起こった。罪に問われたのは桓武帝の弟にあたる早良《さわら》親王で、親王は無実を主張し、配流の途中で憤死。死後、怨霊となった早良親王に帝は苦しめられる。桓武帝の周辺では不吉なことが相次ぎ、都も大きな洪水にみまわれる。実際、長岡京は湿低地で、土地の条件は良くなかった。新都を考えていた桓武帝は、延暦十二年（七九三）一月に土地調査のために、藤原小黒麻呂を遣わしている。その際に桓武天皇が信頼をよせる僧賢璟《けんけい》が同行し、京の地形が理にかなっていることを認めたと伝わっている。

巨椋池
昭和初期に干拓されるまで京都市の南部に存在した広大な池。宇治川の水が流れ込む遊水地となっており、周辺の水上交通の中継地として、また漁場として利用された。豊臣秀吉の伏見城築城に伴い整備が進み、淀川を通じて伏見と大坂が航路で結ばれていた。池には中洲が多くあり、向島、槇島、中書島などが地名として今も残る。

藤原種継暗殺事件
長岡京造営の責任者であった種継が何者かに射殺された事件。大伴継人らが首謀者として捕らえられ処刑、その子孫も流罪となった。以前より早良親王と桓武天皇の関係は悪く、親王は長岡京遷都に不満をもっていたとされるが、事件に直接関与したかは不明。早良親王は無実を訴えるため断食をし、餓死するという悲惨な最期をとげる。

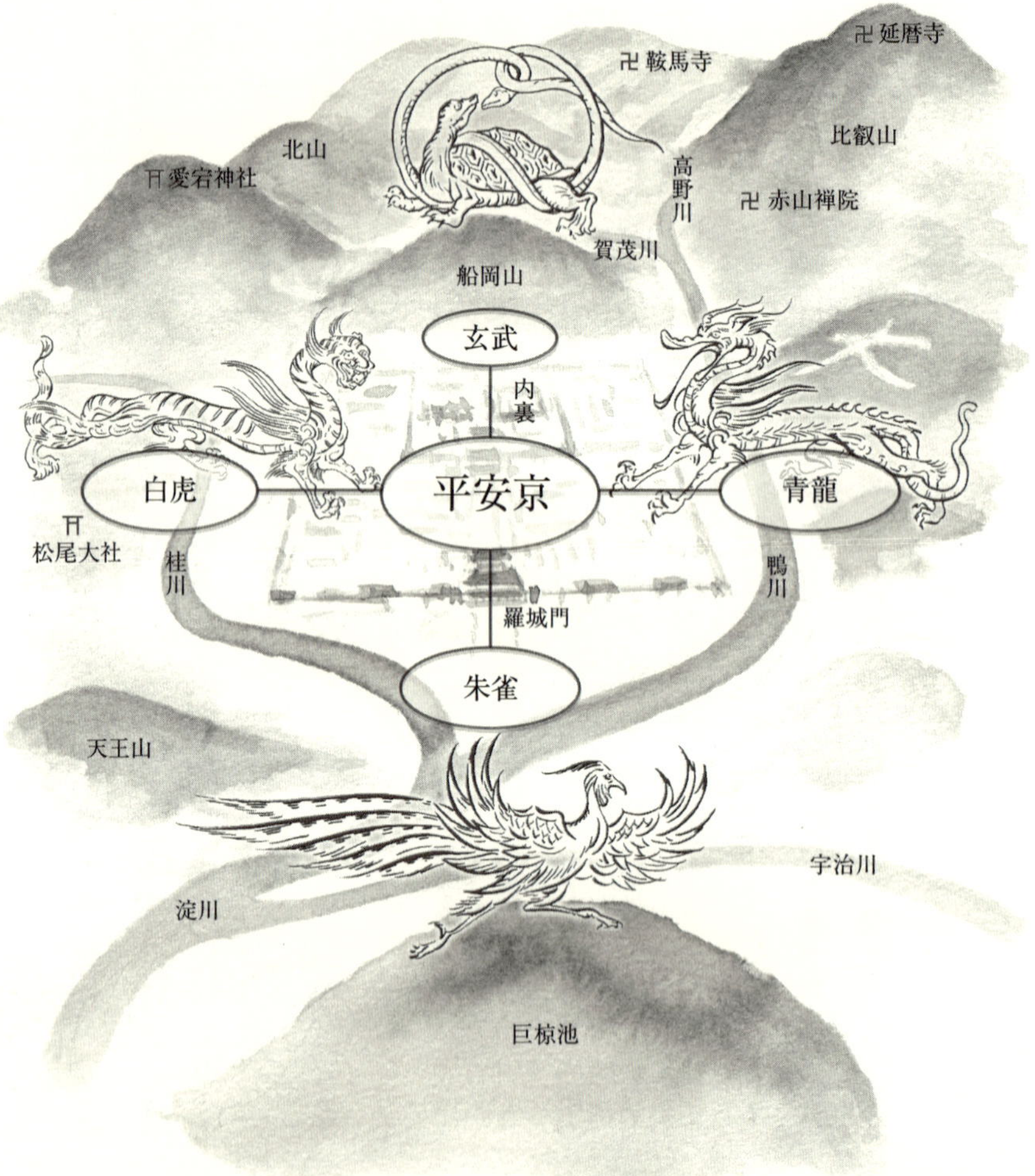

四神相応の地
四神の姿は高松塚古墳やキトラ古墳にも描かれており、玄武は北方、青龍は東方、朱雀は南方、白虎は西方をそれぞれ守護している。

楼上に鬼が棲む――羅城門

都の玄関口である羅城門から、北へまっすぐにのびるメインストリートが朱雀大路。その道幅は二十八丈（約八十四メートル）と広く、通りの両側に建ち並ぶ建物は、大路に面して出入口を設けることが禁じられていたので、築地塀が延々と続くばかりであった。そしてその突きあたり（北端）には、大内裏がおかれていた。

羅城門は南の境界線に位置するとあって、異界への門口でもあった。九条大路に面して建てられた朱塗りの楼門は、正面七間（約十三メートル）、奥行二間（約四メートル）の堂々たる構えで、楼上には兜跋《とばつ》毘沙門天像が安置されていたという。ちなみにこの像は今、東寺で拝することができる。

弘仁七年（八一六）八月の大風で倒壊したときには再建されたが、十世紀の中頃には右京の町の荒廃とともに羅城門も荒れてしまい、鬼が棲むという噂まで生まれる。

なかでも文章《もんじょう》博士の都良香《みやこのよしか》が、月夜に羅城門を通りがかった時の話は興味深い。月の冴え冴えと美しい晩だったのだろう、良香は詩を作って、朗々とその漢詩を詠じた。すると、羅生門の楼上から「あぁー」と深く感じ入る声が漏れ聞こえて

羅城門
現在は東寺から西へ三〇〇メートルほど行ったところにある住宅街の小さな児童公園に碑が建っているのみである。なお朱雀大路は現在の千本通にほぼ該当するが、その道幅は往時の四分の一にも満たない。その他の大路も今より余程ゆったりとしていた。

文章博士
平安時代の官僚養成機関である大学寮の教官で当時最高の知識人。漢文学及び歴史学を中心に教授した。また天皇に教授し、公文書作成に携わるなど政治とも近かった。菅原氏が学者一族として有名。菅原道真を生んだ彼らの職場である大学寮は現在の二条城南西角のあたりにあった。

きたのだ。どうやらそれは、羅生門に棲む鬼が、感動のあまり口をついて出たもののようであった。

また琵琶の名手、源博雅も不思議な体験をしている。

村上天皇のもとにあった琵琶の名器「玄象」が忽然と消えてしまったのである。ある夜、清涼殿にいた博雅は、この玄象の音色を耳にする。微かな琵琶の音をたどってゆくと、朱雀大路をどんどん南下し、羅城門にまで来てしまった。琵琶の音は楼上から響いていたのだった。博雅は楼上に向かって、この美しい音色にひかれて、羅城門まで来たことを伝えた。するとこ縄にくくりつけられた玄象が、するすると楼上から下りてきた。鬼は博雅に琵琶を返してくれたのであった。

さすが京都の玄関口に棲むだけあって、琵琶を弾き、漢詩を味わい、えらく風流を解する鬼である。

天元三年（九八〇）七月九日の夜、羅城門は暴風雨で再び倒壊する。しかしついに再建されることはなかった。現在は矢取地蔵から北へ入った児童公園内に「羅城門遺址」と刻まれた石碑があるだけで、往時を偲ぶものは何もない。

いまや楼上の鬼はどこへ行ったのやら、誰も知らない。

朱雀門の怪

大内裏には門が十二ある。その中央にあるのが朱雀門である。

七間五戸の二階造りである朱雀門をくぐると、大内裏（平安宮）が広がる。一条大路から二条大路にまたがる約一・四キロ、東西は一・二キロの規模で、その周囲は二メートルほどの築地塀で囲われていた。塀の外側には、さらに溝などをめぐらし、京の町中と分け隔てをした。この朱雀門の前で、小野篁《たかむら》と藤原高藤《たかふじ》が百鬼夜行《ひゃっきやぎょう》に遭遇している。鬼神たちは高藤を見て「尊勝陀羅尼《だらに》！」といって慄いた。高藤本人は知らなかったのだが、乳母《めのと》が用心のために着物に尊勝陀羅尼を縫い込めていたのである。魔物を封じるには尊勝陀羅尼を唱えるとよいという。藤原師輔《もろすけ》もあははの辻で唱えて事なきを得た。

日本の伝統薬に「陀羅尼助」という苦い薬があるが、まさに維摩経の尊勝陀羅尼からきている。修験の山伏の常備薬だったと伝わるが、藤原鎌足の腹痛を治したという。魔を寄せ付けない効験が現われている。

朱雀門は時に死骸を捨てる場所でもあったようだ。ゆえに魔物が巣くっていても不思議ではない怪しさがある。文章博士の紀長谷雄《はせお》など、朱雀門の楼上で鬼と

百鬼夜行
深夜の街を徘徊する妖怪や鬼の群れを言う。百鬼夜行に出くわすと死んでしまうとも言われ、それを恐れて夜の外出を控えることも多かった。妖怪や鬼の姿は様々で、人の怨霊であったり、道具や動物であったりもする。

尊勝陀羅尼
仏教における呪文の一つで、サンスクリット語の読みをそのまま漢字で表記したもの。その不思議な響きを繰り返し唱えることで霊験があるとされた。

双六をして打ち負かしている。

紀長谷雄は、羅城門で鬼を感動させた都良香の弟子である。さらに菅原道真に師事し、詩文に優れた。宇多、醍醐両天皇に重用された人物である。

その紀長谷雄がある暮れ方、内裏に参上しようとしたところ、一人の男に声をかけられる。双六に自信のある男は、長谷雄の腕前を知って、一手お手合わせをと挑んでくる。もし自分が負ければ美女をさし上げます、とまで言う。

「おもしろい、どこで打つのがよいか」と長谷雄が問うと、「私の居所(住居)で」と男は答え、朱雀門の上へ昇るよう言った。

二人は楼上で盤に向かったが長谷雄の圧勝であった。熱が入るほどに男は鬼の姿になっていった。しかしまた男の姿に戻り、いさぎよく負けを認めた。かくして長谷雄が勝利し、褒美として絶世の美女を手に入れたのである。ところがこの女、たくさんの美しい女の死体から良い部分を集めて鬼が成形して作ったものであった。男は、この女が人間となるのに百日かかるから、それまで触れぬようにと注意を与えた。

こうして鬼が連れてきた美女を家に住まわせたものの、女があまりに美しいので長谷雄は百日を待たずに触れてしまう。すると、まだ魂の固まっていなかった

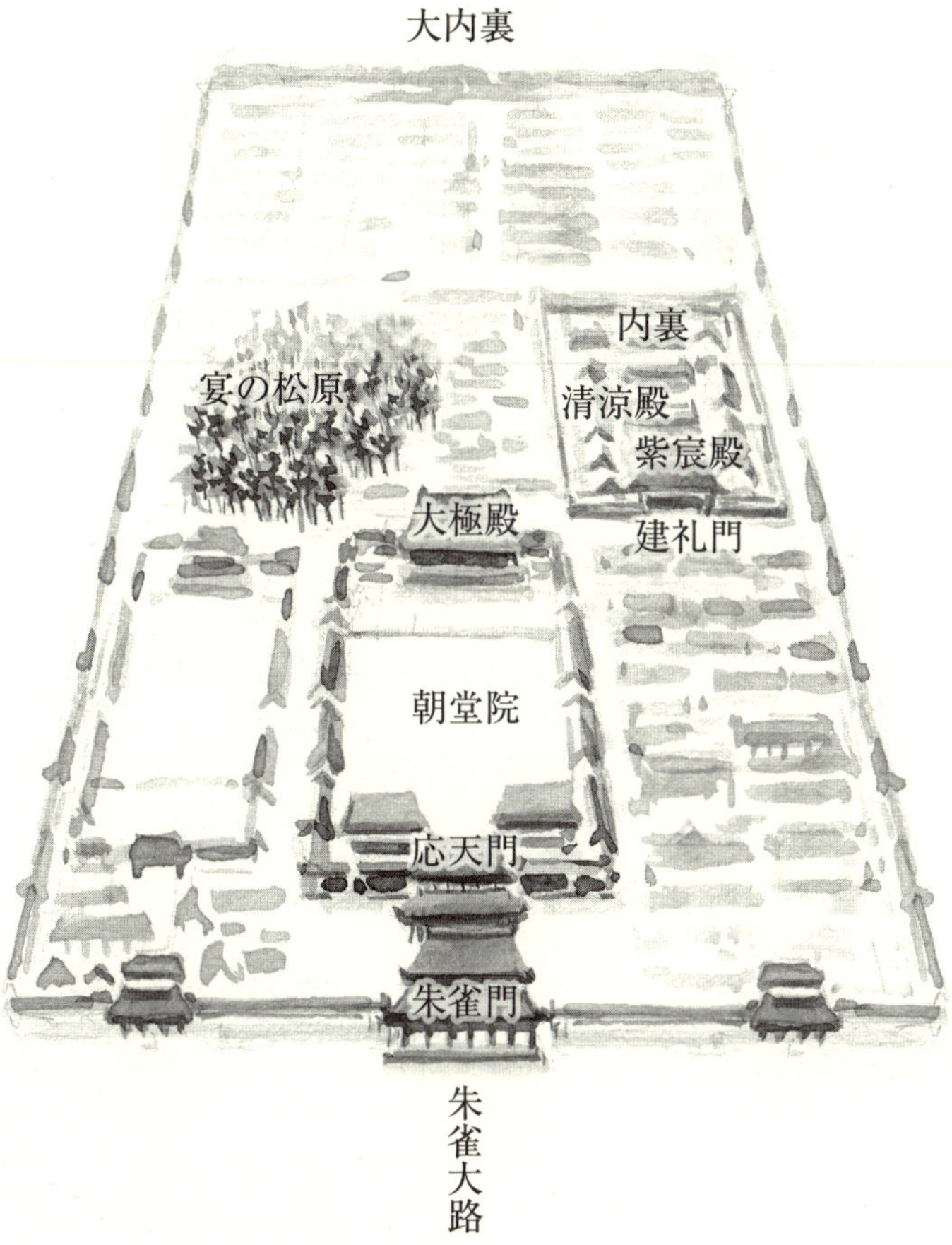

平安神宮
平安神宮の社殿は大内裏の朝堂院を八分の五に縮小して再現したもの。

女はたちまち水となって流れて消えたのだった。

大内裏の怪奇殺人――宴の松原バラバラ事件

大内裏の中には、天皇の住まいをはじめ、二官八省の行政施設や、国家儀式や宮中年中行事を行なう殿舎が建ち並び、官庁街を形作っていた。

朱雀門の正面には、平安宮の正庁である朝堂院が構えている。帝の即位や朝賀など国家儀礼が行なわれた場所で、現在、千本丸太町に碑が建つ「大極殿址」は、朝堂院の正殿にあたる。天皇の住まいである内裏の西側に、宴の松原という森があった。現在の千本出水を西に入ったあたりである。ある月夜のこと、三人の女房がこの辺りを歩いていると、見目麗しい男が現われた。男は女房の一人を松原の中に誘い込んだ。しばらくして女房たちが探しに行くと、そこはおびただしい血の海になっていて、女の手と足だけがバラバラに転がっていたのだった。宴の松原の妖鬼の仕業であった。

平安中期にはすでに、宴の松原は怪しい場所として認識されていて、花山天皇が肝試しを催したことがある。若き日の藤原道隆、道兼、道長の三兄弟が挑んだのだが、最後までやり遂げたのは三男の道長であった。兄二人は、御所にいる妖鬼を恐れ、見えないものを見ようとしなかった。その後、道長が栄華をつかみ、道隆、道兼の子孫が没落したこともうなずける。

みやこの艮——鬼の侵入口封じ

都から北東（艮《うしとら》）の方角にそびえる霊峰、比叡山。艮の方角は鬼の入り口である「鬼門」とされていたことから、比叡山延暦寺が鬼門封じ、そして国家鎮護の役割を担った。さらに比叡山の麓にある赤山禅院も「皇城表鬼門」と掲げられ、方除けの神として尊崇されている。つづいて、鴨川の西側にある出雲路幸神社も北東の守護神。現在の御所を見ても、鬼門にあたる北東角は切り落とされ、鬼が去る（サル）ように、日枝神社の使いである猿神像が屋根の上に安置されている。このように、比叡山へと通じる北東の方角を「鬼門ライン」といい、ライン上に位置する家々は、建物の角を取ったり、盛塩で清めたりして、鬼の侵入を防いでいる。

比叡山遠景

表鬼門に対し、裏鬼門もある。都から南西の方角がそれで、平安時代から貴族が足繁く通った大原野神社は、方除けの信仰を集めている。

また、比叡山と相対するように北西（乾《いぬい》）の方向にそびえているのが愛宕山である。大宝元年（七〇一）に役小角《えんのおづぬ》と泰澄によって開かれた修験の山である。険しい山上に堂宇が造営されたのは天応元年（七八一）、勅命を受けて和気清麻呂が指揮をとった。愛宕山は、厳しい冬の季節風を都に吹き降ろす山であり、その風が火の気を熾《おこ》す。それゆえ、防火、火伏せの鎮護として祀られている。比叡山が青龍の水脈であるのに対し、愛宕山は火を生じる。ともに平安時代、貴族の信仰を集めていた霊峰である。

後述するが、火の神の宿る愛宕には、愛宕権現太郎坊という日本第一の大天狗が祀られている。もとは空海の弟子で柿本紀僧正という聖であった。羅城門の鬼をはじめ、鬼が飛来する山でもある。

また山麓には、京の葬送地である化野が広がる。ゆえに、愛宕山は死者の霊がゆくところでもある。『太平記』によると、怨霊となった崇徳天皇、源為朝、鳥羽院たちが世の中を転覆させる話を愛宕山で交わしている。良くも悪しくも火のもつパワーを内にはらんでいる。

役小角
奈良時代の呪術者で、修験道の開祖。通称・役行者。鬼神を操って空を飛んだり瞬時に空間を移動したりするなど、奇想天外な伝説が多い謎の人物。

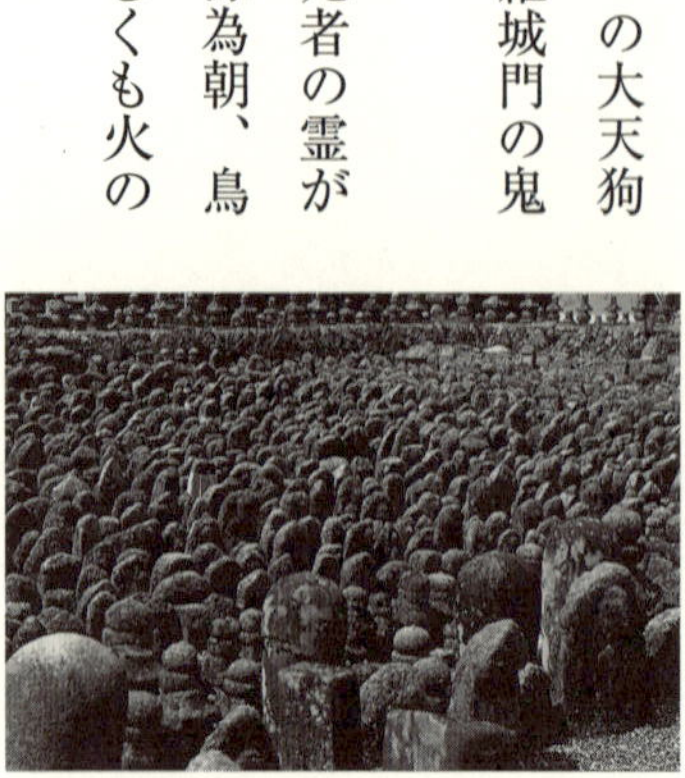

化野には今も多くの御霊がねむる

鬼はここからやってくる

普通でないところに「魔」が入り込む

月やあらぬ春やむかしの春ならぬわが身ひとつはもとの身にして

在原業平の恋の歌である。

月は昔のままの月ではないのか、春は昔のままの春ではないのか、自分だけは以前のままなのに、すべては変わってしまったのか――。

この歌の男は、悲嘆に暮れる。それというのも、愛する女《ひと》の姿が消えたからである。そこは、東の京の五条にあった邸で、その西の対の屋に住む女性に男は恋をしたのであった。

男は女性の行方を捜し出したものの、彼女は手の届かないところにいた。男は愛する女のことが忘れられず、彼女のいない邸で先の歌を詠み、激しく泣くのだった。王朝では、並々ならぬことを良しとしない。こころ乱れて、道ならぬ愛に走る男に、魔の手は迫っていた。

在原業平
平安時代の貴族、歌人で六歌仙の一人。

女が鬼に食い殺された芥川

男は禁断の恋に落ちた。相手の女性は、天皇の許嫁《いいなずけ》であった。男はよほどこの女を愛して諦《あきら》めきれなかったのか、大胆な行動にでてしまう。なんと京都御所の天皇のもとにいる女を、盗み出したのである。

雨も降り、雷鳴轟く中、二人は芥川というところまで無事逃げおおせるのであるが、ここで問題となるのは、「芥川」とはなにか、ということである。

古来、様々の説があるが、高槻市に流れている芥川を指す説がもっとも文学的である。当時芥川は、貴族が京都からよく遊びに訪れる場所であり、歌にもたびたび詠まれている。さらにこの物語が綴られた『伊勢物語』は歌物語であり、男が六歌仙のひとりである在原業平らしき人物と想定できるのならば、なおさらぴったりくる場所である。

愛の逃避行は方位を確かめてから――鬼が出没する裏鬼門

そこで地図をひろげてみると、ひとつのことに気づく。京都の中心地からながめると高槻市は、坤《ひつじさる》（南西）の方角に位置している点である。なんとこの方角は裏鬼門といって鬼が出入りする方角になる。すると危険な駆け落ちをした二人は、鬼門ラインを一生懸命逃げてきたことになる。歩くとかなりの距離であるにも関わらず、捕まらなかったはずである。危険な方角へむかって逃げていたのだから、誰も追って来ないのは当然のこと。

男は芥川付近の荒れている蔵に女性を匿い、自分は蔵の前で見張りをする。すると蔵に棲んでいる鬼が出てきて、一口で食べてしまう。

京都人は方角を異常なほど気にする。古い町家などでは、表鬼門または裏鬼門にあたる角が切ってあったり、祠が祀ってあったり、鳥居、石、白砂などが置いてあったりして鬼の侵入を防ごうとしている。おもしろいのは、猿の置物が据えられたり、梨の木などが植えてあったりする場合もある。これは鬼が「去《さ》る」「無《な》し」などの言霊《ことだま》効果をねらったものである。言霊とは言葉が霊力を持っているという日本古来の信仰である。

鬼門ラインを電車は行く――裏鬼門を走る阪急電車

『伊勢物語』六段の主役である二人が逃げてきた裏鬼門ラインに、現在はJR東海道線、JR東海道新幹線、阪急京都線と三本の電車が走っている。また京都市内と比叡山を結ぶ表鬼門ラインは叡山電鉄が通っている。どれも文明の象徴であり、古代の人からみると超人的な力をもった怪物である。方角を気にする京都人の街を、―よりによって表鬼門、裏鬼門ライン上に―、近代化のシンボルである電車が走っているのは果たして偶然であろうか。

ところで、大阪と京都を結ぶ阪急電車（開通当時は新京阪鉄道）は、当初地形の悪さから、電車を走らせるのは困難と思われていた。それでもまず開業したのが、昭和三年（一九二八）十一月一日「高槻―西院」間であった。まさしく、高槻といえば先の芥川のところである。

京都側の西院は、平安時代には都との際《きわ》、つまり平安貴族にしてみればこの世の果てと思われた地である。それが証拠には、現在も西院駅前（西大路四条北東角）には高山寺があり、賽《さい》の河原の旧蹟として残っている。もとは淳和天皇の離宮のあったところだがこの地に、幼くして亡くなった子たちが、「一つ積んでは

高山寺
今ではとても賑やかな一角で、賽の河原の面影を探すのは難しい。親に先立った子供は親不孝の報いを受けるとされ、子供たちは供養のために三途の川の賽の河原で石を積んだ。しかしそれはすぐに鬼に壊され、また積みなおすという事を繰り返すという。そんな子供も最終的には地蔵菩薩に救われる。巨大な子育て地蔵には成仏してほしいという親の願いがこもっているのだろう。ちなみに高山寺の西側の町名は淳和院町という。

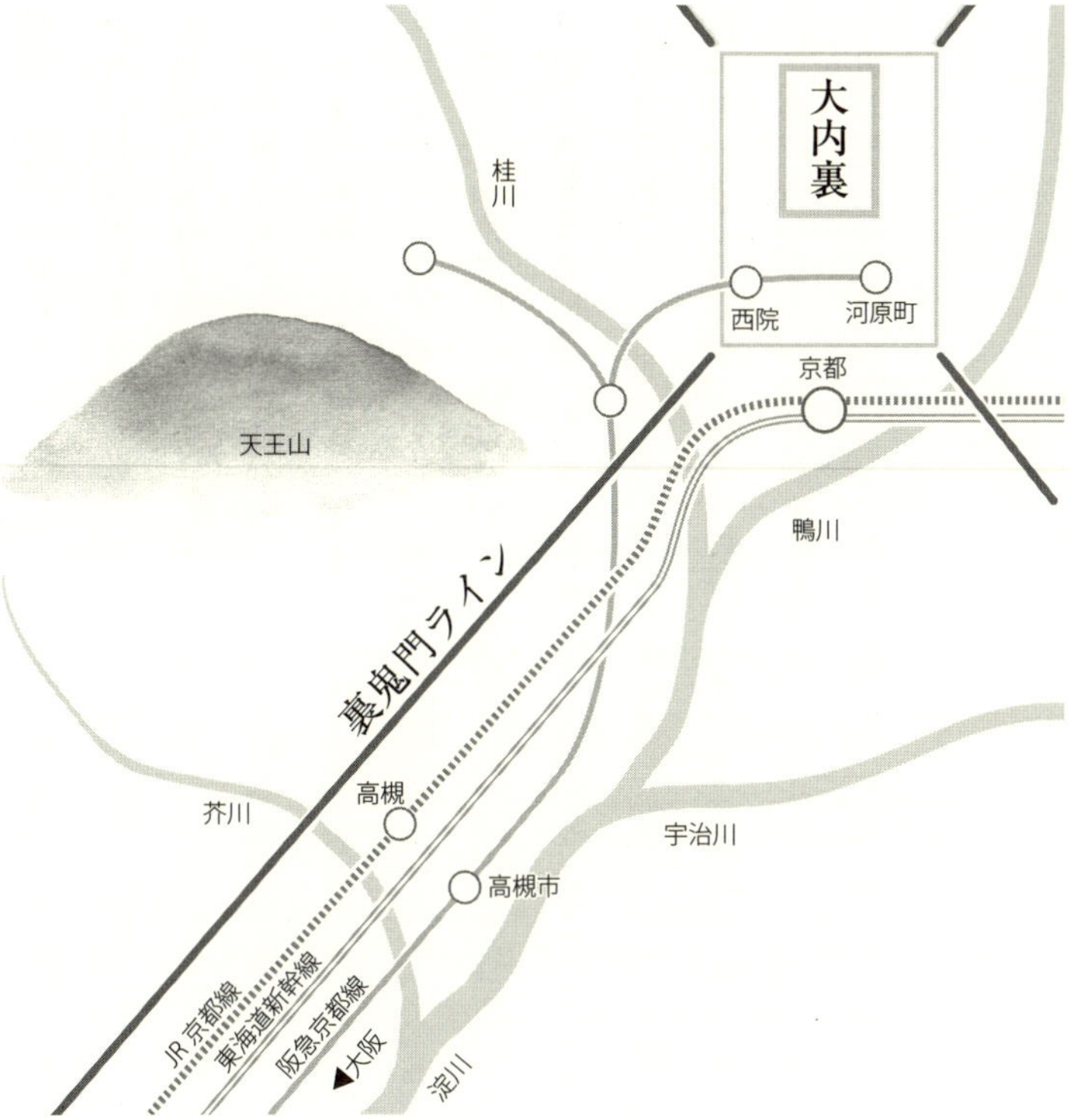
大内裏
桂川
西院
河原町
京都
天王山
鴨川
裏鬼門ライン
高槻
芥川
宇治川
高槻市
JR京都線
東海道新幹線
阪急京都線
▶大阪
淀川

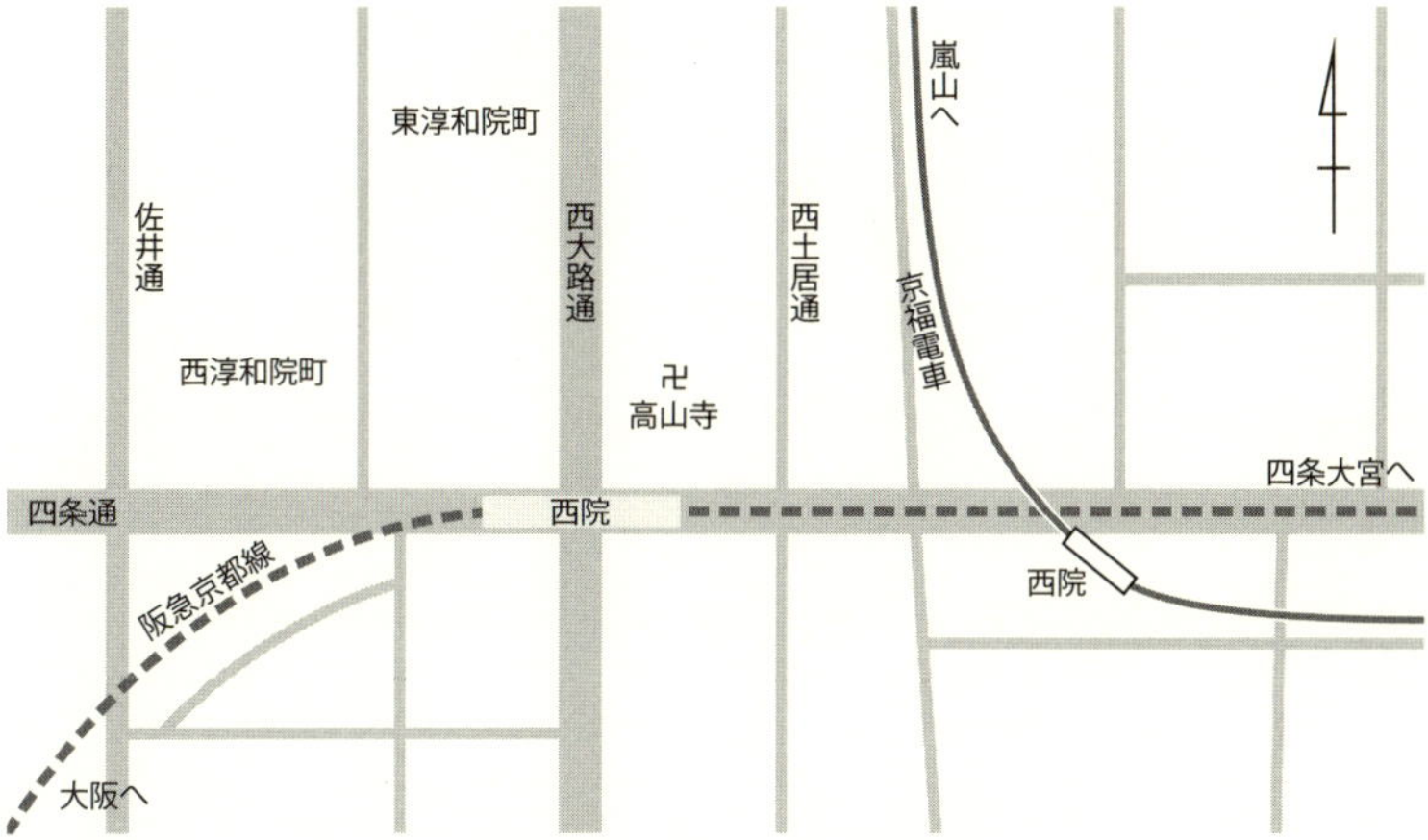
嵐山へ
東淳和院町
佐井通
西大路通
西土居通
京福電車
西淳和院町
卍
高山寺
四条大宮へ
四条通
西院
阪急京都線
西院
大阪へ

父のため、二つ積んでは母のため、三つ積んでは西を向き、樒《しきみ》ほどなる手を合わせ、郷里の兄弟われためと、あらいたわしや幼子は、泣く泣く石を運ぶなり……」と、けなげに河原の石を積む跡があった。境内には、高さ三メートルにもおよぶ子育て地蔵が安置されている。石像として日本一の大きさだといわれる。

この世とあの世の別れの場、ひとつの境界線が西院にあったと思われる。

いまでも古くから京都に住まう人は、このあたりを「西院《さいいん》」とは呼ばず、「西《さ》院《い》」という。すぐ近くを走る京福の路面電車も西院《さい》駅である。

さて、阪急電車に話を戻すと、昭和天皇の即位大典に間に合わせるために、取り急ぎ西院まで開通した後、京都の中心部へ延長する段になって、まず西院から大宮まで約二キロ、地下を走ることとなる。昭和六年（一九三一）三月三十一日、関西初の地下鉄路線である。西院からずっと裏鬼門を走っている電車のことゆえ、いざ都に入ってゆくには地下へ潜るよりほかしかたなかったということか。よもや鬼の侵入をふせぐためではなかろうが、偶然にしては出来すぎた話である。

日本で唯一の恵方社——
歳徳神

雨乞いで有名な神泉苑では、大晦日の行事として恵方社の祠を本年の恵みの方角に回転させる儀式が厳かに執り行われている。

こういった京都人の間に、近年突如として現れた「恵方巻」が自然と年中行事のように馴染んでしまったのも頷ける。恵方の方角に向かって巻き寿司を丸かぶりするという奇妙な儀式が、実は海苔問屋の陰謀であることを悟らせないのも、方角を気にする京都のなせる技である。この恵方巻は大阪の道頓堀で火がついたといわれるが、厄除け封じは坤の方向から京都へ入ってきたということか。

鬼門を護る猿

鬼門を走る叡山電鉄

比叡山の麓にあり、京都の北方鬼門に位置する洛北修学院。叡山電鉄修学院駅から、修学院道を上がってゆくと、赤山禅院山門の大きな鳥居から、紅葉の美しい参道がつづく。

ここは延暦寺の末社でありながら、赤山明神を本尊として祀る神仏習合の珍しい寺院である。伝承によると、承和五年(八三八)、慈覚大師が唐からの帰りに、山東半島に立ち寄って赤山明神に参拝した。

赤山明神とは、中国の泰山にある泰山府君のことをいう。つまり、天に在っては「赤山明神」で星神・福禄寿、地に在っては「泰山府君」で人の寿命を司《つかさど》る神と考えられ、様々な信仰を集めてきた。

慈覚大師が帰国のとき、船が嵐で転覆しそうになったが、赤衣に、白羽の矢を背負った明神に護られたという。これが赤山明神の泰山府君である。大師は比叡山西麓への勧請を約束した。大師の遺命で仁和四年(八八八)、弟子の安慧僧都が堂宇を創建。泰山府君を祀って守護神とし、延暦寺の別院とした。

泰山府君は陰陽道の祖師であり、病気平癒、寿命や福禄、魔除け、栄達など万物の運命を司る力の強い神である(祖神として位置づけたのは、平安中期の陰陽師安倍晴明であるという)。

病を癒す祈祷を「泰山府君祭」というのも、この神の偉大な力を示すものだ。安倍晴明が病気平癒の祈祷をする際もこの「泰山府君祭」を唱えている。

中国山東省の泰山の麓は、命が生まれるところである。そして死後にゆくところでもあり、死者が生前の行ないについて裁きを受ける冥府があるという。仏教でいう閻魔の庁のようなところだが、それゆえか、泰山府君は仏教の六道思想と結びついていて、閻魔王の書記とも地獄の一王ともいわれる。

さらに、同じ冥界の支配者であることから、日本においては素戔嗚命《すさのおのみこと》、牛頭《ごず》天王、大国主命、三輪明神、福禄寿と同一視する俗説もある。また本地垂迹説《すいじゃくせつ》では、この神の本来の姿は地蔵菩薩であるとされる。

本地垂迹説
日本古来の八百万の神々は、仏が化身として姿をあらわしたものだとする、神仏習合の思想の一つ。

御所と赤山禅院の延長線上に鬼門封じの延暦寺

なぜ、それほど強力な神が、この洛北山中に鎮座するのか。比叡山延暦寺と、この赤山禅院を結ぶラインを延ばしてゆくと、御所へ通じる。まさに鬼門ラインを守護している砦である。

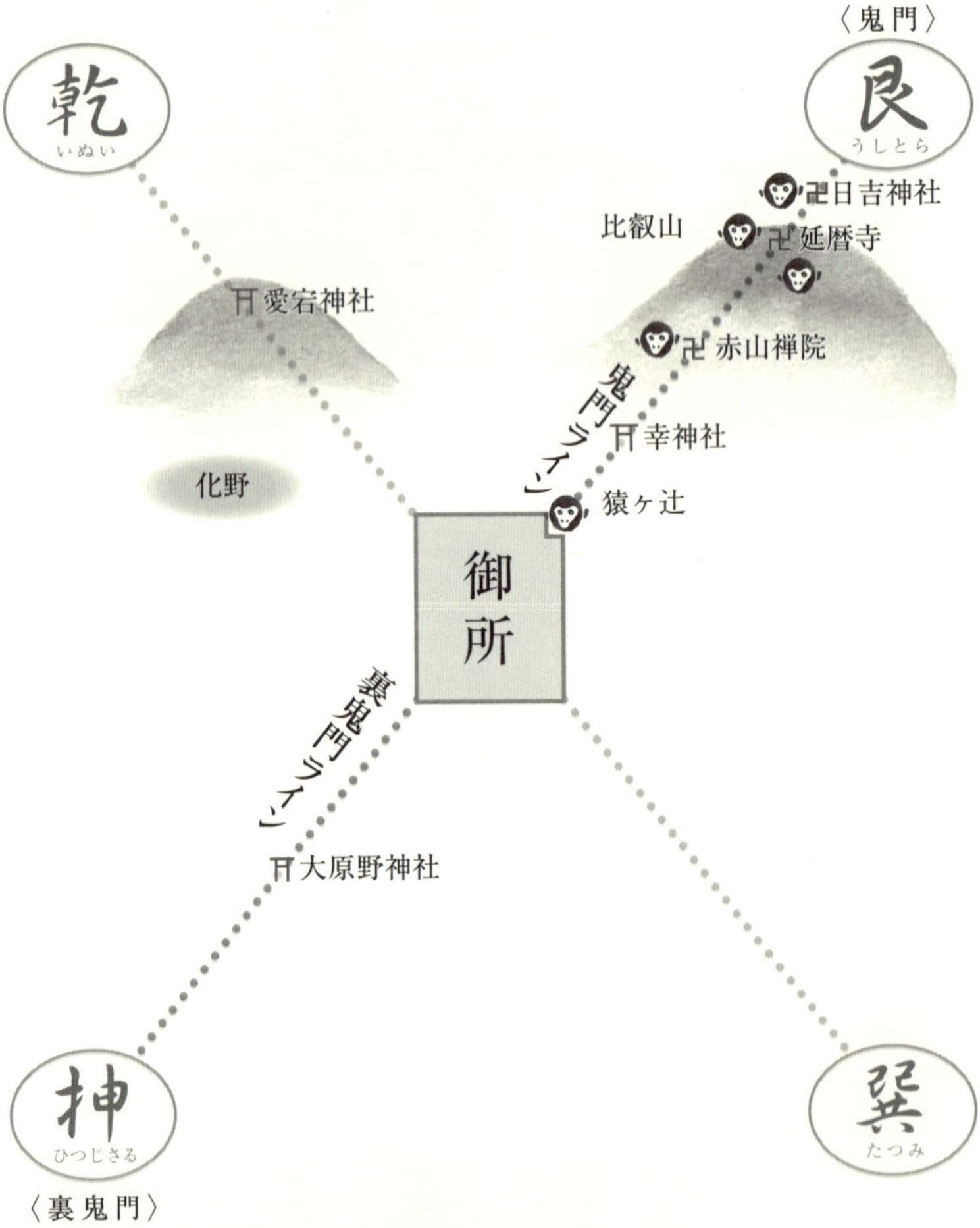

赤山禅院の猿
よく見ないとわからないが、網で囲われたなかにかわいい猿がいる。

拝殿には、赤山明神（泰山府君）が祀られている。その神体は毘沙門天に似た武将をかたどった姿をしている。

その屋根を見上げると、中央に猿像が安置されている。右手に幣串《へいぐし》、左手に神鈴を持った愛敬のある猿が、金網越しに洛中の方を見つめている。この寺院の守り神のひとつで、鬼門封じのシンボルである。王城鎮護の寺とされる比叡山延暦寺の地主神・日吉神社の使いである。「猿（去る）」という言霊《ことだま》からもわかるように、右手の御幣で災厄を祓い、左手の鈴をかき鳴らして魔物を追っ払う。この猿像は、御所の猿ヶ辻の猿像と呼応して鳴き交わし、御所の鬼門を護っている。また、泰山府君のもとにいるからか、天皇が病気になった時、同じ病にかかり、天

明神詣は申の日がラッキーデー

「五十日《ごとび》」といって、五や十のつく日は決算の日として、京都市内は混雑する。一説には、赤山禅院の明神の祭日が五日であることから起こった。近世より、赤山明神は商売擁護の神、または掛け寄せの神とも称されるようになった。この日、この寺院に参詣してから、掛け取りにまわると、よく集金できるといわれ、商人の信仰も厚い。これがいわゆる「五十払《ごとばら》い」といわれる商慣習の源になったと伝わる。さらに滅多にないだけに、「申の日」の五日に参詣すると、吉運に恵まれるという。

皇の身代わりになったといわれる。

拝殿を背に山懐の奥深く、金神社が鎮座する。祠には、鬼門方除けの神が祀られている。向って右から、末社の松尾・西宮・平野・加茂・新羅・住吉・十禅師・春日の八神が祀られている。新羅明神は延長二年（九二四）の創建。

また赤山禅院は、比叡山一千日回峰行の「赤山苦行」の寺であり、八〇〇日に入る六年目は雲母《きらら》坂の行者道を往復し、赤山明神へ供華を奉ずる一〇〇日間の練行が行われる。

千日回峰行
比叡山延暦寺で行われている苦行中の苦行。行中には九日間の断食・断水・不眠・不臥の「堂入」や「京都大廻り」などの難行があり、「赤山苦行」もその一つ。千日間に踏破する距離は地球一周に相当し、しかも行半ばで挫折すれば自害しなければならない、という想像を絶する難行。

赤山禅院と御所を結ぶもうひとつの猿神像

御所の猿ヶ辻をさらに北東に行った、いわゆる鬼門ライン上に、人知れず鎮座する古社がある。平安遷都して間もなくの延暦十五年（七九六）に創祀され、猿田彦神を主神として八神を祀り、疫病や悪霊を防ぐ道祖神として信仰されている。祭神の猿田彦とは、高天原から神さまを地上に先導した道先案内人で、その土地を護る神である。握りこぶし七つ分の長い鼻を持ち、背は七尺（約二・一メートル）、目は八咫鏡《やたのかがみ》のようで眩しいばかりに光っている、まるで天狗のような風貌をしている。神殿を仰ぐと、艮《うしとら》の方角に猿の神像が安置されている。烏帽子をかぶった猿が、祓いの忌串を肩に掲げた様子は、猿ヶ辻の猿像とよく似ており、鬼門除けの守護神として祀られている。都の北東隅に「さいのかみ」を祀ることは、奈良時代からの習わしである。

また幸神社は縁結びの神として古くから信仰されている。

猿田彦がニニギノミコトを地上へと案内しているときのことである。あまりに道が照り輝いて明るいので、天照大神があの一行は何なのかと思われ、アメノウズメを訊きにやった。すると猿田彦は、自分の名と使命を明かした。これが縁となって、アメノウズメは猿田彦につかえ、猿田女とも呼ばれるようになる（一説には猿田彦の妻になったともいう）。この神々の出逢いから、縁結びのご利益がある。恋のゆくえを阻もうとする悪霊を追っ払ってくれる道祖神でもあり、この社で誓った男女の縁は、永遠に結ばれるという。北東隅に置かれた神石は、縁結びの石ともいわれ、持ち上げることができると恋愛成就するらしい。

さらに京の土地にあっては、赤山の猿と、御所の猿を中継する役も果たしてくれている。

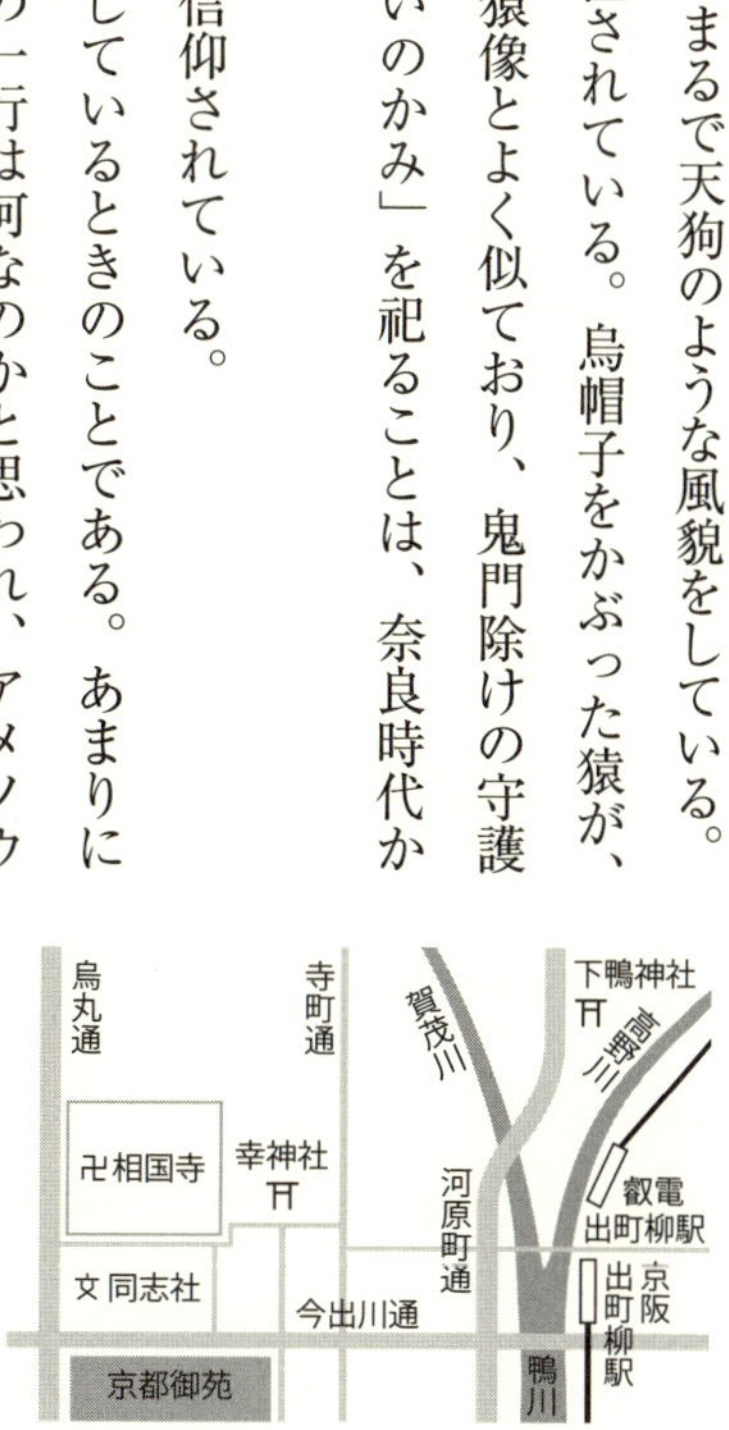

桓武天皇の仕掛け

大将軍は絶大な力を持つ方除けの神

京都には大将軍《たいしょうぐん》という地名がある。

西大路一条を東に入ったところに鎮座する大将軍八神社に由来している。寺院のような表構えで、鳥居がなければ見間違うところだが、掃き清められた境内の石畳の先に、権現造りの本殿がある。その横の宝物館には平安から鎌倉時代に奉納された木彫りの大将軍神像が安置されている。その数百体以上あり、明治の初年に境内末社の奥から発見された。破損している像もあるが、衣冠束帯神像、武装神像、童子像など、約八十体もの厳めしい容姿の神像が重要文化財に指定されている。

「凶」だからこそ護られた

桓武天皇は延暦十三年（七九四）平安遷都の際、王城を鎮護するためにさまざまな仕掛けを施したといわれる。その一つがこの大将軍八神社（古くは大将軍堂といわれた）である。一条通のこの地が大内裏の北西角に当たるため、方除けの神として祀ったとか、もう一説、都の四方を守護するために大和国の春日から勧請し、都の四方に置いた大将軍社の一つがここだともいわれている。平安時代の終わりに流行した今様には、祇園、日吉、賀茂社と並んで、霊験あらたかな神として謳《うた》われている。

方位の厄災から守るということは、逆にいえば、大将軍神のいる方位は万事凶と考えられる。実際、大将軍のいる方位だからということで、白河天皇は法成寺の塔供養の行幸を取り止めている。また源頼朝は、養和元年（一一八一）の京都攻めを遠慮したといわれている。

江戸時代になると、大将軍信仰から暦の吉凶をつかさどる八将神への信仰へと比重を移すようになる。そして明治になって大将軍八神社と称し、素戔嗚命と八柱御子神、聖武・桓武両天皇が祭神として祀られるようになった。

今様
平安時代に生まれた当時の流行歌。後白河法皇も熱烈な愛好者であった。伴奏に合せてうたうものや、舞を伴うものもある。現在も法住寺などで受け継がれている。

甲冑姿の土人形——都が一望できる将軍塚は天下の異変を知らせる塚

国家の危機や異変を、不気味な振動と奇怪な音で、いち早く知らせてくれるもの、それが将軍塚である。この塚は桓武天皇が都を護るために作った仕掛けなのだ。『平家物語』によると、土で八尺の人形を作り鉄の鎧甲を着せ、鉄の弓矢を持たせて西向きに立たせたまま埋めたという。不思議なことにその後、将軍塚は都の守護の役目を果たし、警報機さながらに危険を感知するようになる。

保元元（一一五六）年七月八日には、東山に彗星があらわれ、将軍塚は鳴動したという。奇しくもこの二日後に保元の乱が勃発している。また治承三（一一七九）年七月七日は三回も鳴動し、そのたびに聞こえる範囲が広がり、ついには日本国中に鳴り響いたという。それは源平の騒乱（治承の内乱）の始まりを告げるものであった。

円山公園の奥から二十分ほど山道を登ると、東山三十六峰の一つ華頂山の頂に着く。将軍塚はそこに建つ大日堂の境内にある。直径四十メートルの円形の古墳で、平安以前のものであることが判明している。塚の背後（西側）は、京都市街が一望でき、王城守護の土人形が埋められていることが頷ける光景である。なお、将軍塚のある大日堂は青蓮院門跡に属する塔頭寺院である。

聖なる水と魔の山

鴨の河原

血塗られた刑場跡

四神相応の地といわれる京都は、鴨川に青龍が棲むという。起点は雲ヶ畑の桟敷ヶ岳（河川法では出合橋）で、鞍馬川、さらに高野川と合流して市内を南下し、伏見下鳥羽で桂川にそそぐ三十一キロである。古来、氾濫を繰り返す暴れ川で、恐いもの知らずの白河法皇をもってしても鴨川の流れは、わが心にかなわぬものと嘆いた。

上流では神に護られた聖なる清水だったのが、町なかに入って鴨川は生々しく世俗を映す鏡となる。そのむかしは、河原に死体が遺棄されていた。すさまじい腐臭に、悪い病気もそこから発生した。また、河原は処刑場でもあった。

戦国時代、三条河原で豊臣秀次の家族が処刑されている。

子どものいなかった豊臣秀吉は、甥の秀次を後継者として養子にむかえていた。ところが間もなく、実子秀頼が誕生する。それでも秀吉は、秀次に幼いわが子の後見をしてもらおうと恃みにしていたが、秀次の目にあまる狼藉が露呈する。辻

わが心にかなわぬもの
白河法皇の絶大な権力をもってしても、「鴨川の水、賽の目、比叡山の僧兵」の三つは思いのままにならない「三不如意」として知られる。

処刑場
当時は見せしめのための公開処刑が多く、人が集まり見晴らしもいい河原は格好の処刑場と言えた。

斬りをしたり、妊婦の腹を切り裂いたりと乱心に及ぶありさま。秀次は高野山へ行かされ、秀吉から切腹を命じられる。しかし本人の自刃だけでは事は済まず、文禄四年（一五九五）八月二日、秀次の妻や子どもたちが三条河原に引き出され、斬首されたのであった。三十九名の処刑で、三条河原は血に染まり、遺体は、河原に掘られた穴に無造作に投げ込まれたという。

江戸時代に入って、高瀬川の開削をしていた角倉了以が、護岸工事で出土した骨を集め処刑場の西側に供養のための寺を建立した。この寺が瑞泉寺で、境内に並ぶ三十九基の墓は、松下幸之助ら有志の手によって手厚く祀られたものである。

天下の大泥棒石川五右衛門の釜茹の刑

同じく豊臣秀吉の時代に、天下の大泥棒と異名をとった石川五右衛門が捕縛され、その家族や手下たちが、三条河原で処刑されている。文禄三年（一五九四）八月二十四日のことである。謎に包まれた伝説の人物であるが、釜茹の刑や、仲間たちの磔の刑は生々しく語り継がれている。五右衛門は大柄な体格だったよう

石川五右衛門
その半生は謎に包まれているが、五右衛門率いる盗賊団が都を荒らしまわり、京都所司代の前田玄以に捕らえられて処刑されたのは事実のようである。

だが、その男を生きたまま煮るほどの大釜が三条河原に用意されたという。熱湯で煮られながら、意識あるかぎりわが子を頭上に高々と掲げ、処刑された五右衛門。

「石川や浜の真砂は尽きるとも　世に盗人の種は尽きまじ」との辞世の句は、巷説にもかかわらず、あまりに有名である。釜の中には油が注がれていたという話もあり、あまりに壮絶な死に様である。

ところでこの大釜は、処刑の後、鴨川に捨てられたという。川の流れに連れ去られ、鴨川と高瀬川が合流する陶化橋の手前まで運ばれた。そこを釜ヶ淵という。

関ヶ原合戦の敗者、石田三成もまた、天下を取るという見果てぬ夢を抱えたまま、無念のうちに六条河原で処刑されている。

死者の霊を慰める出雲の阿国歌舞伎

鴨の河原で処刑が行われた後、遺体は河原に掘った穴の中に入れられた。晒し首をかかげるのも公開処刑場の鴨川畔であった。

慶長八年(一六〇三)、北野天満宮でやや子踊りを披露し一世を風靡した出雲の阿国は、四条河原を舞台に活躍した。一説によると阿国は出雲大社の巫女だったといわれるが、その実は謎だらけの歌舞伎の始祖である。

元和年間(一六一五~一六二三)には、京都所司代の板倉勝重によって、七つの芝居小屋が幕府から認可され、鴨川沿いに芝居小屋が次々と建った。現在唯一残っているのが南座である。屋根の正面に張り出している櫓と二本の梵天が当時の面影をとどめている。

浮かばれない死者の魂を鎮めるという意味を考えると、鴨の河原で華やかな芸能が発達したのは頷ける。

ちなみに、琵琶法師も、平家の怨霊を鎮めるために、河原を舞台として『平家物語』を語った。河原は魂の集合する空間である。

東海道五十三次の華々しき終着点——三条大橋は晒し首の場

お江戸日本橋からはじまって、三条大橋は東海道五十三次の上がり(終着点)

四条河原
当時、阿国が男装し、女装させた男性を相手に踊ったとされるかぶき踊り。四条河原に小屋を設け、大層評判になり貴人の邸などでも披露したことはわかっているが、その後の阿国の消息、本当に出雲の出身なのか、など不明な点も多い。

三条大橋
東海道の終点として橋の西詰に弥次さん喜多さんの像がある。その向かいが瑞泉寺で、滑稽本の主人公と秀次事件で処刑された者の菩提を弔う寺との対比が皮肉である。現在は学生が集まって歓声をあげていたり、ギターの弾き語りがあったりと、常に賑やかな場所である。

であった。江戸の人から見れば京都は憧れの地であった。それは江戸カルタの「いろは」四十七文字に一枚追加されている「京」の文字の札が人気の的だったことを見てもわかる。

観光都市京都の玄関口は、三条大橋であった。現在も交通の要衝で、常に人が行き来し賑わっている。昔も今と変わらず人の多く集まる場所だっただけに、見せしめには最適の場であった。幕末には、新選組局長の近藤勇の生首が三条大橋の下で晒された。

京都で縦横無尽の振る舞いをした新選組であったが、鳥羽伏見の戦いから流転の波に飲まれ、近藤勇は流山（千葉県）で土方歳三と袂を分かつ。そして降伏の後、平尾一里塚で斬首される。近藤の首は焼酎漬けにされて京都に運ばれ、三条河原で晒されたのだった。慶応四年（一八六八）四月のことである。

嗤う将門の首

時代は遡るが、天慶三年（九四〇）東国で起こった将門の乱で、平将門は斃《たお》れる。桓武天皇の曾孫にあたる高望王が平氏を名乗り、さらにその孫にあたる将門は、東国で新しい国家を打ち立てようとした。朝廷に叛いた反逆者の首は、京都に運ばれ、六条河原で晒された（都大路という説もある）。

将門の首はかっと目を見開き、声を出して嘲笑い、都の人びとを震撼させた。あるとき地面が轟き、将門の首は自分の胴体を求めて、東国へ飛んで行ってしまった。白い閃光を放ちながら天空を飛んだ首は、途中で力尽きて落下する。そこは今も将門の首塚として祀られている。東京都千代田区大手町一丁目にある将門の首塚は、東京駅からほど近く、林立する高層ビルに挟まれながらも、そこだけ鬱蒼とした杜が根を張っている。神田明神の飛び地境内のようになっていて、祭の時には神輿が渡御する。そこから歩いて一分とかからず、すぐ先に皇居の濠が見える。「朝敵」であった将門だが、ここでも桓武天皇のトリックが生きており、祀られることで、いつの間にか皇居守護の役を担わされている。

ところでもう一説、将門の首は四条新町を南へ下った路地に埋められたという話が残る。不吉に喚く首を供養したのは空也上人だという。現在も神田明神が祀られているが、あまりに小さく不思議な神社である。というのも民家の玄関の壁に埋め込まれるように鎮座しているのである。

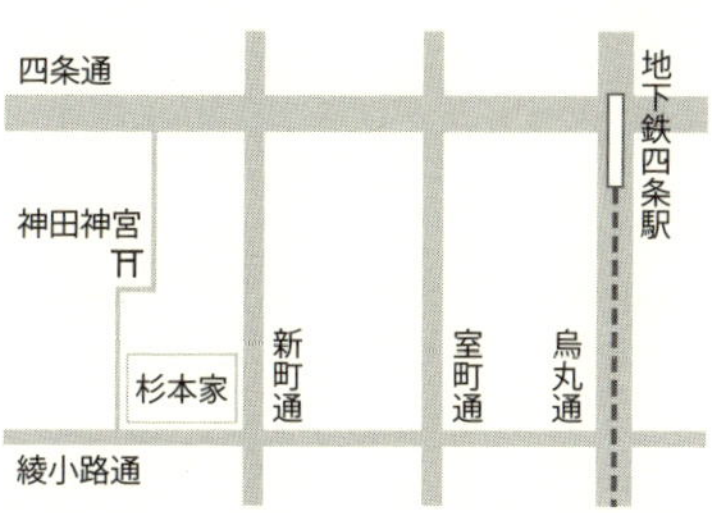

壮絶な血の海と化す――木屋町高瀬川

鴨川のすぐ西側に平行して流れる高瀬川は、人の手によって造られた川である。江戸時代のはじめ、豪商角倉了以、素庵父子によって、二条大橋の禊《みそそぎ》川から取水して、伏見まで運河が開削された。その起こりは方広寺大仏殿の再建のために資材運搬を行うものであった。そして舟での流通が盛んになって、木屋町が生まれた。もとは「樵木町《きりきまち》」といったが、川沿いに木材の倉庫が軒を連ねたことから「木屋町」と呼ぶようになった。高瀬舟で渡ってきた旅人のための旅籠《はたご》や料理屋が増え、現在の盛り場に発展していった。

高瀬川沿いにある「紙屋町」「鍋屋町」など、物流で扱っていた品を意味する町名が多い。高瀬川の起点となる「一之船入町」に船溜の名残が見え、今も酒樽を積んだ高瀬舟が浮かんでいる。このあたり一帯に角倉家の邸があった。後に山県有朋の別邸になり姿を変えるが、木屋町通に見える石垣は往時のままだという。いかに隆盛を極めたか、石の面が語っている。

その通りの並びに、長州藩の桂小五郎が恋人幾松と暮らした「幾松」があるが、幕末の志士が闊歩した通りである。高瀬川沿いには「象山先生遭難之碑」「大村

一之船入

益次郎御遭難之碑」が並んで建っている。

佐久間象山は、吉田松陰、勝海舟、坂本龍馬らの師にあたり、東西両洋の学問を修めた人物である。木屋町の自宅を出たすぐ傍で暗殺された。わずか百年余り前、木屋町は殺戮の舞台だった。それゆえか、三条から二条にかけて、京都の繁華街にありながら木屋町の闇はひときわ濃い。静かでもある。高瀬川畔の石の記憶がそうさせているのかもしれない。

殺戮の池田屋騒動

高瀬川にかかる三条小橋の西側に、「池田屋騒動之址」と刻まれた石碑が建っている。

池田屋騒動とは、元治元年（一八六四）六月五日、三条の旅館池田屋で、会合中の尊皇攘夷派の志士を新選組が襲撃した事件のことである。旅館には、高瀬川に抜ける裏通路があったが、新選組の急襲に逃げ切れず、志士側の被害は斬殺された者七名、捕縛された者二十三名といわれた。

佐久間象山
象山を斬り殺したのは尊攘派で居合斬りの達人・河上彦斎。当日、白馬にまたがって外出した象山は突然斬りかかられて落馬、そこをメッタ刺しにされたという。その首も三条大橋に晒された。

池田屋騒動
当初、襲撃したのは近藤勇、沖田総司、永倉新八、藤堂平助のわずか四名。後に土方歳三らが合流する。不意打ちとはいえ志士の被害はあまりに大きく、小さな旅館は血の海になった。

木屋町通周辺

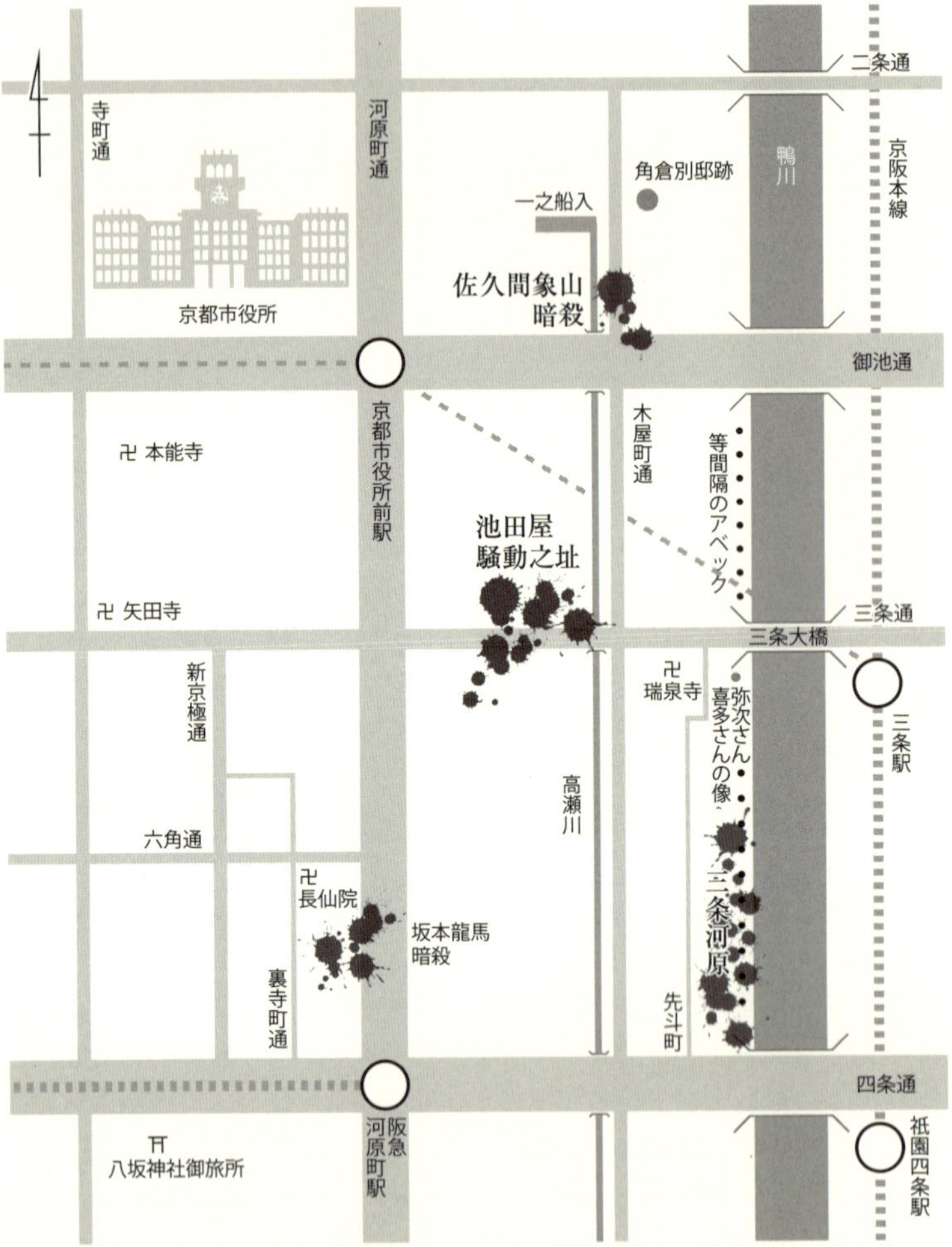

二条通
寺町通
河原町通
京阪本線
鴨川
角倉別邸跡
一之船入
京都市役所
佐久間象山
暗殺
御池通
京都市役所前駅
木屋町通
等間隔のアベック
卍 本能寺
池田屋
騒動之址
卍 矢田寺
三条通
三条大橋
三条駅
卍 瑞泉寺
弥次さん喜多さんの像
新京極通
高瀬川
三条河原
六角通
卍 長仙院
坂本龍馬
暗殺
裏寺町通
先斗町
四条通
阪急河原町駅
祇園四条駅
八坂神社御旅所

ところが、その後始末がずさん極まった。当時、縄手通にあった三縁寺の本堂脇に、遺体の胴体だけを入れた四斗樽が無造作に捨てられていたという。祇園祭の頃ゆえ暑い上に、血だらけの遺体はすぐに腐り、判別できない状態になっていた。哀れな姿を気の毒に思った縄手の旅館小川亭の女将が、住職に頼み手厚く葬ったのである。

昭和五十四年に三縁寺は岩倉に移転するが、その際掘り起こした志士の墓からは、七体どころか十六体もの遺骨が出てきたという。現在も三縁寺では、池田屋騒動の遭難者の冥福を祈って旧暦の六月四日に法要が営まれている。

鴨川畔にアベックが等間隔に座る理由《わけ》

京の不思議のひとつに数えられるのが、三条から四条にかけての鴨川の岸辺に、恋人たちが等間隔に座る光景であった。誰が計ったわけでもないが、きれいに等分されてアベックが点在するのである。

この四条大橋を基点とした恋人たちの逢引は、昨日今日にはじまったものでは

等間隔
はじめにやってきたカップルが任意の場所に座る。次に来たカップルははじめのカップルと距離をおいて座る。また次のカップルがやって来て距離をおいて座る。そのうち座ることができるスペースが減ってゆくが、カップルは他のカップルとできるだけ距離をおきたいので、既に座っているカップルたちのちょうど真ん中に座ろうとする。これを繰り返すと等間隔の光景ができあがる。

ない。江戸時代に入って間もなく、芝居小屋が出来るとともに四条界隈は賑わいを増していった。茶屋は三百軒を数えたという。そこで繰り広げられるのが芸妓と客である一介の男との恋物語である。

寛永の頃にこんな話があった。

三代将軍家光のお供で上洛した菊池半九郎と遊女お染との心中事件である。せっかくの京の風情を満喫しようと、半九郎は祇園に遊び、お染と知り合う。侍と祇園の遊女という身分違いの上に、半九郎の帰国の日が迫り、ふたりを引くに引けない状態に追い込む。華やかで人目につく祇園にあって、恋人たちが忍べる場所といえば、やはり四条大橋の下である。

今のようにネオンサインの明るい時代ではないので、鴨川堤に降りれば、漆黒のような川の流れが、いっそうあたりの闇を深め、恋人たちを隠してくれる。

この世で一緒になれないのならばと、半九郎とお染は手に手をとって鴨川べりを歩き、京の夜更けに姿を消す。

「ひとり来て、ふたり連れ立つ極楽の、清水寺の鐘の声、九つ心暗き夜に、捨つる身はいざ鳥辺野へ」

ふたりは鳥辺山で心中したのであった。

当時、この世で添い遂げられないなら、手と手を紐で結わえて心中する恋人たちが多くいた。この心中事件、念願かなってふたりで果てられたのならいいが、最悪なのは死に切れなかった場合である。

片方が生き残れば殺人罪で打首、ともに生き残れば戸籍を取り上げられるのだった。

心中事件を起こしたふたりの遺体は埋葬も許されなかったそうだ。「死にきって嬉しさうなる顔ふたつ」という川柳が残るほどである。

つまり、お染半九郎のように、祇園の華やかな灯を避けて、恋人同士の語らいをしたのが鴨川の橋の下であった。秘密の語らいを聞かれぬ距離感、ふたりの姿はなんとなくわかっても顔がはっきりと見えない距離感、それが鴨川の暗黙のうちにできた等間隔である。

ふたりの秘め事が明るみにでれば、命取りになった時代、鴨川畔で心中の相談をした恋人たちがどれほど多くいたことだろうか。

色恋は、人を狂気に駆り立てる。

愛する人に裏切られると人は鬼にも化すが、それとは反対に、想いを成就した恋人たちは、哀しみを背負っているほど、ほかの人にやさしくなれる。微妙な鴨川の等間隔は、心中した恋人たちの暗示なのかもしれない。それ以上近づかないで、ふたりの秘密がばれてしまうから……。

ところで、心中するほど思いつめた哀しき恋人たちに、日本人はやさしい。

市川団十郎のお家芸で、歌舞伎十八番のひとつ『助六所縁江戸桜』も心中物語である。題名にもある通り、助六は江戸の物語だと思われがちだが、実際には京都の出来事である。世間にその名を轟かす侠客助六が、島原の太夫総角《たゆうあげまき》に恋をして、大坂千日寺で心中をする。この話が歌舞伎で大ヒットし、江戸っ子の心をつかみ、なぜか東京に助六の墓まであるほどだ。

日本人が好きな寿司に助六というのがある。いなり寿司と巻き寿司の組み合わせである。いなりはお揚げさんで包んだ寿司なので「あげ」、それと海苔巻き寿司の「まき」、併せて太夫の名の「あげまき」である。それをあげ巻き寿司といわず、「助六」というところが粋である。この世で添い遂げられなかったふたりの縁を、せめて寿司のなかで結ばせてやろうというやさしさからなのであろうか。

河原は霊の集まる空間であり、異界の原点ともいえる。川は血に染まったり、濁ったりしながら多くの魂を飲み込んできた。水面近くを飛び交う蛍は、淋しい人魂の灯火と重ねられた。京都の河原は、川床の粋な会話や愛を育む恋人たちの甘い話し声で賑わい魂を慰める。

首切り地蔵——六条河原の駒止地蔵

保元の乱で後白河天皇側についた平清盛は、めざましい戦功をあげて上り調子にあった。

保元三年（一一五八）のある日、清盛は鴨の河原を愛馬に乗って歩みを進めていた。ところが六条河原にさしかかったところで、馬が一歩も動かなくなってしまった。腹を蹴ろうと鞭を入れようと馬は動かない。不思議に思った清盛が四方をうかがうと、土中に半ば身を埋めた地蔵の姿があった。清盛は早速掘り出して丁寧に塵を払って、六条河原に安置したという。

この清盛との逸話から、駒止地蔵の名で親しまれている。どうして地蔵尊は清盛の足を止めたのか。不思議な力を宿した地蔵尊で、身を立てるご利益があるというのも、翌年清盛は、この地蔵を祀った六条河原で、宿敵源義朝を討ち取ることになる。源氏の棟梁を斃《たお》したことで、平家の独壇場となるのだった。

この地蔵を安置する蓮光寺は、ひっそりとした佇まいの浄土宗寺院である。豊臣秀吉の都市改造で出来た寺町の南の通り、通称下寺町にある。寺の東側が六条河原にあたり、駒止地蔵はいつの頃からか蓮光寺に安置されるようになった。駒止地蔵は、八尺もある大きな石の地蔵像で、弘法大師が刻んだと伝わる。それが鴨川の氾濫で流され、清盛に救出されたのだという。

さらに近世に入ると、「首切地蔵」の異名をもつ。

竹田次郎直善という男が、この地蔵尊に願掛けをして百日参りをはじめた時のこと。毎日通っていたが、ある日用事ができて参拝が夜中になってしまった。暗闇の中を参っていると、盗賊に襲われ、身ぐるみ剥がされそうになった。その時、「伊賀坊ここにあり」の声とともに賊の首は斬られ、その伊賀坊もたちまち姿を消してしまったという。この伊賀坊こそ地蔵の変化の姿で、直善を助けたのだった。また一説には、直善の身代わりになって地蔵が首を刎ねられたという話もある。どちらにしても霊験あらたかな地蔵尊で、以来、首切地蔵とも呼ばれるようになった。

弘法大師と水の魔力

龍神を操った空海

京都はなぜ湯葉や豆腐がおいしいのか。いうまでもなく、水がおいしいからである。京都はなぜいつまでも、都会でありながら自然が美しい街なのか。水の都だからである。

京都は平安遷都以来、水にさまざまなドラマを演出させてきた。賀茂川が氾濫すると、怨霊の仕業として祭を、旱魃が続くと龍神の怒りとして祈祷や修法を行った。その水のドラマから多くの不思議な異空間を操る妖人も生み出してきた。その中には弘法大師として人々に親しまれている空海もいる。

淳和天皇の天長元年（八二四）の夏、雨が全く降らない日が続いた。天皇は神泉苑での祈雨《きう》の修法を東寺の空海と西寺の守敏僧都に命じた。

はじめに雨乞いの法力をふるったのは守敏であった。七日間の結願の日に豪雨となったが、範囲が狭く、都の内だけであった。

次に空海が修法を行ったが、何日たっても一滴の雨も降らすことが出来ない。

しかし諦めるわけにはいかないと、なおも念じていると、なんと守敏が法力を使って雨を呼ぶ龍神を瓶のなかに閉じ込めていることがわかった。空海のもとに龍より託宣があったのだ。

神泉苑の池中に龍がおり、それは元来、天竺の無熱池《むねっち》に棲む龍で、善女龍王といった。そこに棲む龍は、龍王の中でも最も徳が高いとされる。

空海がさらに修法を続け、いよいよ終盤に近づいた時、金色をした龍が池に現れ、たちまち大粒の雨が降り始めた。雨は三日三晩降り続け、都の内も外も潤したのであった。

平安京の天門と鬼門の交差する地点にある異空間神泉苑。その池に龍神が棲んでいたことは、『日本三代実録』にも記されている。この歴史書はいうまでもなく六国史のうちのひとつである。当時の人は事実としてこれを受け止めていたのである。

ちなみに、中島の善女龍王社に詣でるとき、一つだけ願いを念じて朱塗りの法成橋を渡ると、必ず成就するといわれている。祀られている善女龍王は、とても慈悲深い龍王だという。

神泉苑
平安京の禁苑で、現在の数倍の規模があり、当初は帝が狩などをする遊興の場であった。

東寺対西寺

神泉苑の法力競いにみるように、東寺と西寺は明暗を分かった。

東寺は創建時の建物こそないが、伽藍配置を変えることなく空海が創出した真言密教の世界をそのまま今に伝え、平成六年（一九九四）、世界遺産にまで登録された。それに対して西寺は、正暦元年（九九〇）の大火以後、たびたびの火災に遭い、天福元年（一二三三）に焼滅。現在は児童公園となってしまった地に史跡西寺阯の石碑と礎石がむなしく置かれているだけである。

ところで、雨乞いの法力競いには、後日談が残っている。空海の勝利を快く思っていない守敏は、憎しみをつのらせ、ついに空海を亡き者にしようと、羅城門のあたりで矢を放つ。すると一人の僧が現われ、空海をかばって矢に当たった。その人は僧の姿をした地蔵尊であった。守敏の陰謀は失敗に終わり、それはそのまま西寺のゆくえを暗示したかたちになった。羅城門の石碑の西側に瓦葺の御堂がある。そこに空海の身代わりになった矢取地蔵が祀られている。石の地蔵さまの右肩には、いまも矢の傷痕が残っているという。

六国史
国家事業として編纂された、いわゆる「国史」のことで次の六つ。『日本書紀』『続日本紀』『日本後紀』『続日本後紀』『日本文徳天皇実録』『日本三代実録』。このうち『日本三代実録』の編纂には菅原道真が携わっていた。

西寺址
東寺と西寺は朱雀大路をはさんで並び建ち、ほぼ左右対称の伽藍配置になっていた。

幽邃の地――鴨川の源流に龍が棲む

歌舞伎十八番『鳴神《なるかみ》』で有名な志明院も、龍にまつわる超人的な空間である。志明院は、洛北雲ヶ畑の北西に聳《そび》える岩屋山の山懐にある。白雉元年（六五〇）、修験道の祖である役小角の創始としていること自体神秘的な空間である。また、この地は賀茂川の水源にあたるので、ここを侵略されるとたいへんなことになるのはいうまでもない。歌舞伎の話はフィクションであるが、それをうまく取り入れている。

志明院の高僧鳴神上人は、天皇への怨みから、止雨の法で龍神たちを岩屋山の滝壺に閉じ込めてしまう。上人の思惑通り天下は日照りが続き、一滴の雨も降らなくなってしまった。そこで天皇は、雲の絶間姫という絶世の美女を岩屋へ派遣し、上人に恋を仕掛ける。姫の美しさに惑い、上人が酒に酔い潰れた隙を見て、姫は岩屋の注連縄を切って龍神を解き放ち、無事都に雨を降らせる。

水源地ということは深山であり、現在でも簡単に訪れる場所ではない。それにもかかわらず、空海は、天長六年（八二九）に再興し、今も残る護摩洞窟で護摩を焚いている。

志明院
とても神秘的な場所にあり、急な山道の奥に鎮座している。

賀茂川の水流
志明院
岩屋橋
出合橋
雲ヶ畑
貴船川
貴船神社
鞍馬川
鞍馬寺
鞍馬
貴船口
高野川
叡山電鉄
鞍馬線
賀茂川
崇道神社
比叡山
延暦寺
叡山ケーブル
八瀬比叡山口
上賀茂神社
宝ヶ池
赤山禅院
北大路通
下鴨神社
叡山電鉄
船岡山
出町柳
白川通
鴨川

懸崖造りであった奥院の崖下に飛龍権現がある。空海が入山した時、岩屋山の守護神が出現し、飛龍となって滝壺に入った。そこで空海は岩屋の滝に飛龍権現の霊を祀ったといわれている。

滝の背後は険しい岩壁に阻まれ、奇岩怪石がそそり立ち、龍神の棲処らしい清らかな大気に包まれている。まさに聖なる水の異界である。さらに境内から険しい山道を登り進むと、神降窟という洞窟があり霊泉が湧き出ている。この香水を飲めば諸病に特効ありといわれている。

京都に残る水に関わるドラマを数々生んだ空海。泉涌寺山内に湧く今熊野観音寺の清水も、西山にある柳谷観音（楊谷寺）の浄泉も、空海が独鈷で岩間を割った霊験あらたかな水である。

柳谷観音の浄泉

西山古道の奥深くにある楊谷寺の独鈷水《おこうずい》堂には、弘法大師像が建ち、その傍らに大師の足形がある。霊水は、右手の岩窟から湧出している。

ある時空海は、岩からしたたる清水のそばに猿の親子がいるのを見つけた。母猿は目が見えない小猿の眼を湧き水で懸命に洗っている。とうとう十七日目に小猿の眼が開き、親子は嬉しそうに山へ帰っていった。その光景を目にした空海は、この不思議な湧き水を眼病に悩む人々のための霊水にしようと、独鈷で深く掘り広げたのだった。そして十七日目の満願の日、その願いは成就したという。

この独鈷水は、目やに・充血・花粉症など眼の病に効用があるとされ、堂前の大きな水槽に湛えられているので、自由に汲むことができる。

このように水を掌《つかさど》った空海は、最期、高野山に入定する。

即身仏になるには、体内のほとんどをつかさどる水分を抜かなければならないが、いったんミイラになってしまうと、今度は湿潤環境が大きく作用する。永遠に生きるか、腐るかは「水」にかかっている。

龍神を操った空海は現在もミイラとなって高野山に生きている。

ミイラとなった弾誓上人

死体が乾燥して自然に固まった状態になると、腐ることもなく永遠に生きつづけているように見える。いわゆるミイラである。日本においては即身仏のことをいい、高野山の弘法大師が有名でそのミイラを藤原道長も覗いている。『栄花物語』によると髪も青々としていたということである。ほかにも山形県にある注連寺の鉄門海上人のミイラなどがあるが、京都の鬼門ラインにも存在する。大原の奥、古知谷の岩穴に住んで修行した弾誓《たんぜい》上人のミイラである。

慶長十四年（一六〇九）、弾誓上人は諸国行脚の末に京都へ至った時、五条橋から北方の空にたなびく紫雲の光明を見て古知谷へ赴き、山深く分け入って岩穴を住まいとした。その後、自ら刻んだ像に自身の頭髪を植えて本尊とし、寺名を「光明山法国院阿弥陀寺」と名付けて一宇を建立する。六十二歳で示寂。石窟に入り即身成仏を遂げた。

阿弥陀寺は「一流本山」とも呼ばれるが、その理由は、阿弥陀如来を本尊として祀る浄土宗でありながら、それに加えて開山の弾誓上人像を阿弥陀仏と同様に本尊仏としているという独特の流儀にある。

本堂（開山堂）に安置されている正面の尊像は、弾誓上人が求め続けた人間としての理想像を霊木に草刈り鎌で刻み、自身の髪を頭部に植え込んで本尊仏とした自作自像である。この像は「植髪の像」とも呼ばれている。現在も両耳の近くにわずかながら髪の毛が残っているという。不思議であるが非常に尊い髪の毛である。右脇壇の本尊阿弥陀如来坐像は、鎌倉時代の作で重要文化財。もう一躯の阿弥陀如来立像は、上人が感得したときに出会った阿弥陀如来を体現したものといわれている。

本堂背後にある岩窟は、即身仏となった弾誓上人の「ミイラ仏」がおさめられている。上人が入定の一年前、阿弥陀寺で修行中の僧に頼んで掘らせたもので、上人は石棺の真下に掘られた二重の石龕《せきがん》に生きながら入った。禅定を獲得していれば、怖くもなんともないのであろうが、凡人には考えられない状況である。

霊峰を護り、超人的な霊力を持ったモノ

愛宕山に鞍馬山に比叡山に、三大天狗が棲む

天狗は本来超人的な霊力を持ったモノで、人間にとっては畏れる存在であった。日本人は「山」に対して、常に畏敬の念を持っていた。山は多くのものを産み出すエネルギーに満ち満ちた存在であるとともに、清水が滾々《こんこん》と湧き出る場所でもあった。農耕民族の日本人にとっては非常に重要な意味を持った。その山という聖地を護る存在が天狗である。

日本には八天狗と呼ばれる大天狗がいる。役行者とともに山を歩き、警護を務めた大峯前鬼坊、崇徳天皇の霊をなぐさめた四国の白峯相模坊、九州の彦山豊前坊、大山の伯耆坊、長野飯綱山の三郎坊、そして京都の三天狗（愛宕山太郎坊、鞍馬山僧正坊、比叡山の次郎坊）である。ただし比叡山の次郎坊は、後に比良山に移る。

山には修行する者もいた。修験者や山伏である。彼らは山という霊域で修行することによって天狗のような超能力を得ることができた。里に住む人からみれば

八天狗たち

憧憬と畏怖の思いで見ていたことであろう。鞍馬山の天狗が牛若（のちの源義経）に剣術を教えたという伝説や、修験者の行場となっていた愛宕山に天狗が飛来し、その存在を強調するのは、山に囲まれ、護られながら暮らしてきた京都人の浪漫である。また、北野天満宮の乾（北西）に天狗山という小山があり、ここに天狗が出没したともいわれる。その昔、北野は農耕の地であり、天神さんは恵みの雨をもたらす神様でもあった。そこに天狗の存在があったというのも、やはり聖地を守護する意味があったのかもしれない。

山には人間が踏み込むことを拒む霊域がある。清浄なるものを穢す者が現われると、天狗は容赦しない。まるでにわか雨のように礫《つぶて》を降らし、行く手をふさぐ。または山中に天狗笑いを木霊《こだま》させ、人を恐怖に陥れる。天狗が守護する愛宕山も鞍馬山も比叡山も、都へ注ぐ清水の湧き出る聖地である。

一方、仏教が流布することによって、神として畏怖されていた天狗は、悪役に転じる。仏教はインドで生まれ中国を渡ってきたものである。外来の信仰である仏教を広めるためには、もともと日本にあった土着の神をおとしめる必要があった。その代表的なものが山の神、水の神である。

日本第一の天狗といわれる愛宕山の太郎坊は、空海の高弟であったが慢心を起

こして天狗になったといわれる。鞍馬山の僧正坊もまた、名のある僧であった。和気清麻呂の子孫、壱演僧正のことらしい。壱演は出世のラインにあったが、突如、鞍馬山に籠もり行方知れずになっている。そして比叡山の次郎坊は、最澄が延暦寺を開く以前から比叡山に棲む天狗であった。自分の棲む山が天台宗の一大聖地として拓けてゆくにつれ、居場所をなくし、比良山に移ったという。

霊峰比叡山に天狗話は多く伝わる。比叡山の方から仁和寺の六本杉に天狗の姿をした怨霊が飛んできた話や、天竺の天狗が比叡山の僧になったという話もある。霊峰を守護する京の三天狗は仏教と深い関わりがあり、その観点から察するとまさしく彷徨える天狗の姿を物語っている。

竹伐り会——鞍馬山の大蛇

鞍馬山は鬱蒼と大杉の繁る、急峻な山路そのままの自然の宝庫である。

この山中に大蛇が棲むという故事がある。平安時代、中興開山の峯延《ぶえん》上人が鞍馬山中で修行している時のことだった。対《つい》の大蛇が現われ、上人は毘沙門の呪文

鞍馬寺
本殿の金堂から奥之院魔王殿へ到る山道は、異界を強く実感できる道である。昼なお暗い道すがら、木の根が地表に張り出した木の根道や義経を祀った義経堂など、天狗の山のイメージそのものである。魔王殿からさらに進むとそこは水の異界、貴船神社である。

を唱え調伏した。雄蛇は斬り倒されたが、雌蛇は本尊に供える水を絶やさないことを約束に助けられ、閼伽井《あかい》護法善神《ごほうぜんしん》として、本殿の北東に祀られた。

毎年六月二十日に本堂前で行われる竹伐り会は、この大蛇の説話に由来する。その年の稲作の豊凶を占う行事で、長さ四メートルの青竹を大蛇に見立てて、山刀を持った鞍馬法師が、法螺貝の音を合図に現われる。腰には「難を転じる」意味から、南天の枝を挿している。丹波方と近江方に分かれて伐り競い、いち早く本堂に駆け込んだ方に豊作が約束された。

袈裟を弁慶かむりにした法師は、ほんとうの僧ではなく、大惣仲間《おおぞうなかま》という鞍馬の里の人びとの奉仕である。聖なる水を護る大蛇を崇めることは、麓に暮らす里人にとって重要なことであった。それによって、稲の実りも約束されるわけである。

神秘の山といわれる鞍馬に大蛇が棲息する。鞍馬が清水に恵まれているのは、そのことに由来するといわれる。

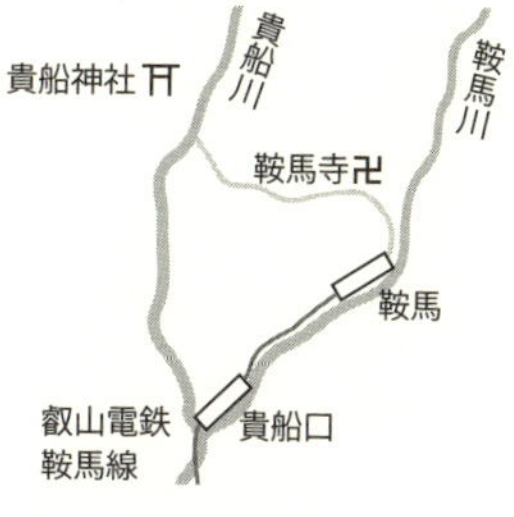

桓武天皇が北方守護を恃んだ寺

山上の本殿金堂の前には、木立から京都市内を一望できる翔雲臺《しょううんだい》がある。寅の月の寅の日の寅の刻、この台の上に毘沙門天が天から降臨したといわれる。本尊の毘沙門天像は、左手を額の上にかざし、まるで遠く平安京を見るようなまなざしである。それもそのはず、延暦十五年（七九六）に桓武天皇は、怨霊除けとして、都の北方守護を鞍馬寺に恃んだのであった。

悪鬼から守護してくれる毘沙門天

甲冑に身をかため、厳めしい顔つきの毘沙門天は、インドでは戦勝の神として崇められ、北方世界を守護するといわれる。

むかし、一人の僧が鞍馬寺で修行していた時のことである。暗闇の中、美しい女性が僧のそばに現われた。僧は一瞬にして女が魔物であることを見抜いた。女は羅刹鬼であった。それで焚き火の中で熱されていた金杖を鬼の胸に当てた。隙をついて僧は逃げ出すが、凄まじい勢いで鬼は僧を追いかけ、大口を開けて僧を食べようとした。危機一髪のとき、僧は毘沙門天に「われを助けたまえ」と念じた。すると僧の目の前で御堂の朽木が崩壊し、鬼はその下敷きとなって死んでしまった。鞍馬の毘沙門天の威徳である。

愛宕神社——深夜未明に登山参拝する千日詣

京都の北西に聳え立つ高さ九二四メートルの愛宕山。北東にある比叡山と相対し、比叡山が仏の山だとすると、愛宕山は古来火の神を祀る神山である。清滝道、水尾道、月輪道、高雄道と方々から山頂へ上れるが、その参道はどれも険しく厳しい。

愛宕山は朝日ノ峰・大鷲ノ峰・高雄山・竜上《たつがみ》山・鎌倉山の五峰からなり、朝日ノ峰山頂に愛宕神社が鎮座する。本宮に伊弉冉命《いざなみのみこと》、若宮に迦倶槌命《かぐつちのみこと》、奥院に大国主命が祀られている。迦倶槌命が降臨の際、母神である伊弉冉命を焼いたので、仇子《あたご》、熱子《あつこ》ともいわれ、愛宕山は、都人から火の神様として畏敬されている。

愛宕神社

京の台所にはよく「阿多古祀符《あたごきふ》　火廼要慎《ひのようじん》」の札が貼られている。都人は、このお札を受けに山へ参拝する。一度行くと千回詣でたご利益があるという千日詣は、毎年七月三十一日の深夜から八月一日の未明にかけて行われる。一の鳥居から約六キロの道のりを、かつて人々は松明を灯し上った。火の神のもとに詣でるのに、松明の炎は確かな道しるべとなる。真夜中の零時に通夜祭が行われ、参拝者はお札と愛宕の神木である樒《しきみ》の枝を求め、火災除けの祈願をする。

愛宕山にはいろいろと不思議な話が伝わる。

第一に、不浄な人は、参詣出来ない。火の神は不浄を嫌うので、古来、不浄な人は入山出来ない。無理に参詣すると、途中で腹痛が起こり登山出来ないといわれる。

第二に、三歳までの幼児を背負い参詣すると、その子どもは一生火難を逃れると言い伝えられている。

第三に、嵯峨鳥居本から、清滝へ通じている小高い坂のことを「試みの坂」というが、愛宕山へ上る前にこの坂を歩き、無事越えることが出来れば山頂の愛宕社まで参れるといわれた。

第四に、「金灯籠の猪」という境内にある猪の彫刻を舐めると、たちまち足の疲れが癒されるといわれている。

第五に、愛宕山中腹にある月輪寺に植わる桜を「時雨桜」というが、この寺に暮らしていた九条兼実《かねざね》のもとに親鸞上人が来訪し、自ら植えた桜である。四月中旬から五月にかけて開花するのであるが、兼実との別れを悲しむ上人の思いを映してか、桜の花は枝葉から涙をこぼしているように咲くという。

第六に、愛宕神社は、本能寺の変の前日に明智光秀が参詣し、神のご加護を仰いだ社である。その時連歌の会を催した光秀は、粽を噛みながら歌を作ったといい、そこから、愛宕神社へ粽を奉納すると歯形がつくといわれている。

第七に、空也上人が修行したという滝が、愛宕山中にある。山中のものは草木一本まで神の息がかかったもので、無断で持ち帰るのは憚られる。滝壺にたまる土砂を持ち帰ると体調が悪くなるといわれる。

第八に、一般に神社では榊がよく用いられるが、愛宕神社においては、お札と一緒に樒の枝が授与される。樒は愛宕山に生育する樹木で、山の神が宿った枝を自宅の竈《かまど》の上に挿し火難除けにするのである。

弓削の薬師さま——秘法を使う弓削道鏡の巨根説

北山杉の里である京北町に弓削《ゆげ》という地名がある。

弓削といえば、弓の製作を職務とする古代の氏族で、物部氏一族と深い関係があった。この一族から弓削道鏡という怪僧が出ている。奈良時代の法相宗の僧で、鬼が出没することで有名な葛城山に籠もり、密教の宿曜秘法を身につけ、その秀でた祈祷力でもって、天皇家に取り入り、権力を握った人物である。

政界に自分の親族を登用し、周囲の不興を買うだけでなく、「自分を天皇にしろ」と宇佐八幡宮の御神託があったと偽る傲慢ぶり。その嘘を和気清麻呂に暴かれ、失脚している。その道鏡が、どういうわけか京北に隠棲していたのである。

周山街道（国道一六二号線）を若狭のほうへ進み、栗尾峠を越えて、山と川の美しい町、周山を過ぎたところに福徳寺という寺がある。春ならば樹齢二百七十年といわれる見事な枝ぶりの桜が、淡く霞みがかったように咲いて人目につくが、普段は訪れる人もいないひっそりとした山寺である。福徳寺の歴史は古く、和銅四年（七一一）に聖武天皇の勅願で行基が建立した。本堂には本尊の薬師如来坐像、その両脇を固める持国天立像、増長天立像が安置されている。道鏡はこの寺に通い、薬師如来に願掛けをしていた。そして満願の日、願いが成就しなかったことに怒り心頭に発した道鏡は、薬師如来に小便を引っかけた。すると道鏡の尿道は腫れあがり、もだえ苦しんだという。

道鏡は法力によって孝謙天皇の病を治し重用されたというが、もう一説、巨根だったゆえにその精力で取り入ったという俗説がある。

道鏡の巨根は、薬師如来の罰が当たってのことだと伝わる。

怨霊の眠る場所

普通の人が見えないものが見えた大物たち――藤原氏

天皇を操り栄華を極めた藤原氏は、見えないものを見ようとする姿勢を崩さなかった一族である。その代表的な例が、菅原道真を祀ったことに顕われている。

誰もが知っているように、菅原道真は、藤原氏の陰謀によって無実の罪を着せられ左遷というつらい目にあった人物である。道真からみれば、藤原氏は憎くて憎くてしかたのない一族である。しかし、現在北野天満宮にある道真の霊は、なんとその憎い藤原氏を守護しているのである。つまり、藤原氏はしたたかにも、自分たちが追いつめた菅原道真の霊を丁重に祀ることによって、この怨霊を味方に付けたのである。

あははの辻で百鬼夜行に遭遇する

摂関家の祖といわれた藤原師輔も、見えないものが見えた人物である。

編年体の歴史物語『栄花物語』によると、藤原師輔は兄の実頼よりも人望があったとあり、その子孫が関白職をつぎつぎに受け継いでいった正統性が語られている。その師輔が、百鬼夜行に遭遇した話は、『栄花物語』より少し後にできた紀伝体の歴史物語『大鏡』に載っている。それは、師輔が、二条大路のあはは の辻（二条大宮、神泉苑のあたり）で突如牛車を止めさせ丁重に平伏して、尊勝陀羅尼を唱えるという奇妙な行動をする。周りの者はなんのことかわからず不思議に思う。後に、師輔があの時は百鬼夜行にあったと告白する、という内容のものである。

陰陽師安倍晴明にも、師輔同様の逸話がある。

賀茂忠行のもとで晴明が修行していた頃のこと。『今昔物語集』によると、晴明がまだ若い時の話であるが、ある夜、忠行のお供で車のあとについて歩いていると、百鬼夜行に出くわす。それが見えた晴明は、居眠りをしていた忠行を急いで起こした。忠行は術を使って自分と従者の危機から逃れた、とある。

晴明は、普通の人には見えないものが見える能力を持っていた。それゆえ忠行にかわいがられ、重用されていったのである。

先の師輔にしても次男で、本来家を継ぐ立場にないのに、息子の兼家、孫の道長、曾孫の頼通と、九条家が摂関家を占めて、とてつもない栄華を極めた。それというのも、師輔の「人には見えないものが見えた」力が強調されている。平安時代には、この力を持ったものこそが、世の中を動かす器と考えられていたのである。

この世に恨みを持って死んだ天才

菅原道真の霊力

菅原道真を祀っている天満宮は、総本社である北野天満宮をはじめとして、京都の裏鬼門にあたる長岡京市の長岡天満宮、京都市内にも文子《あやこ》天満宮、吉祥院天満宮、菅大臣天満宮（菅大臣神社の通称）、錦天満宮、霊光殿天満宮など数えあげればきりがない。御霊信仰のように人気を呼び、江戸時代には「洛陽天満宮二十五社」なるラインナップができたほどだ。

京都を歩けばいたるところで「天神さん」にお目にかかることになる。さらに京都人が「天神さん」と親しむわけは、毎月二十五日の縁日にある。道真が亡くなったのが二月二十五日なので、毎月二十五日には北野天満宮に市が立つ。広大な境内に骨董の露店がひしめき合い賑わう。

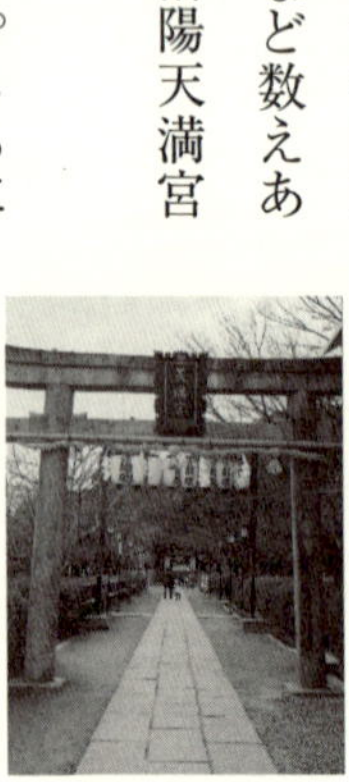
長岡天満宮

京都の人びとは二十五日のことを「今日は天神さんや」と言うほど生活の中に浸透しているのであるが、それほど「天神さん」を大切にしているのは、なぜであろうか。

よく考えてみると、道真は、学問ができたために藤原氏の陰謀に嵌《は》まり、非業の死を遂げた人物である。普通ならあまり関わりたくはないはずである。しかも堅苦しい漢詩文、歴史書のプロフェッショナルときている。「超」がつく堅物であったと推察できる。それにも関わらず、絶大なる人気を誇る。

道真は代々有名な学者の家に生まれた。自身も一流の学者になるために養育され、学者として官に就く。元慶元年（八七七）には、教官の最高位である文章博《もんじょう》士の任に就いている。さらに昌泰二年（八九九）には、宇多天皇の信頼を得て右大臣にまでなったものの、延喜元年（九〇一）一月二十五日突然に、大宰権帥《だざいのごんのそち》に左遷される。

道真のやるせない想いを偲ばせる、飛梅伝説がある。

都を発つ際、道真は

東風吹かば匂ひおこせよ梅の花あるじなしとて春な忘れそ

大宰権帥に左遷
宇多天皇の信任が厚かった道真だったが、醍醐天皇の治世でも昇進を続けた。しかし道真の政治に不満を持つ藤原時平をはじめとする有力貴族らは、道真に謀反の意があると注進、大宰権帥（太宰府の副司令官）に左遷された。それを知った宇多上皇が醍醐天皇にとりなそうとしたが聞き入れられず、道真の子供四人も流罪となった。

の歌を詠んでいる。すると邸の庭に植わっていた梅の木が、道真を慕って筑紫まで飛んでいったという。都の香を匂わす梅に道真は慰められる。

道真は無念の想いを抱いたまま、二年後の延喜三年（九〇三）二月二十五日、都から遠く離れた寂しい任地で病死する。五十九歳であった。道真は京都に戻ることなく、太宰府安楽寺に葬られた。

道真が亡くなった翌年から、都は天災にみまわれる。洪水、疫病の流行、旱魃と次々に災難が起こり、道真を陥れた藤原時平も若すぎる死を迎える。時平の不幸は自身の死だけではおさまらず、娘が産んだ皇太子も幼くして亡くなった。そして極めつけは延長八年（九三〇）、御所清涼殿に落雷。この時、道真の左遷に関与した人たちが、雷に打たれて壮絶死している。

これらは怨霊になった道真の祟りだと噂され、朝廷も道真の怨霊を正式に認めている。生前に剥奪していた右大臣の役職を再び道真に授け、さらに正二位を贈った。ところで、北野に道真が祀られるようになったのは、死後四十四年経ってのことだ。道真が慕っていた乳母、多治比文子が「北野の右近の馬場に祀れ」という道真のお告げを、夢に見たのであった。同じ頃、道真のお告げを授かる人が次々に現れた。それによると、「道真を祀るところは、一夜にして松が生える」といわれた。その託宣を聞いて北野の森を見てみると、不思議なことに一夜にして千本の松が生えていたという。乳母は当初、西京七条の自宅のそばに小祠を建てたが、天暦元年（九四七）に再び夢告があり、北野へ遷した。

そしてそこに社殿を建てたのが、見えないモノを見る能力をもつ、かの藤原師輔であった。

怒れる雷（菅）公を守護神にする

平安京の最北が一条通であるから、その境界線を出たすぐのところに北野天満宮は建立された。怒れる道真の霊を鎮めるのはもとより、恐ろしいモノを大内裏の背後に配置することで、おのずと平安京を外敵から護ることになった。あえて強面のボディガードを雇い、安心を得るようなものである。こうして都合よく、道真は神とし

注＝水火天満宮は上天神町にあったが、堀川通の拡張のために、通りの東側（現在地）に移転したのは、昭和二十七年のこと。

て祀り上げられながら、同時に都の守護を担わされたのである。

このからくりを、ほかの天満宮にも当てはめてみると、藤原氏の意図はおのずと透けて見える。たとえば、現在堀川鞍馬口を下ったところに鎮座する水火天満宮もしかり。もとは一条下り松にあった。近くには一条戻橋があることから見てわかるとおり、都の端に当たるところだ。

道真が降りたった登天石

その一条下り松に延暦寺の僧、法性房尊意が住んでいたという。この僧は道真の学問（仏教）の師でもあった。

道真の怨霊パワー全開の頃、尊意が宮中に呼ばれ、比叡山を下りて鴨川へ渡ろうとした時のこと。氾濫していた鴨川の流れが二つに割れて水底の巌があらわになった。その石の上に道真が現われたのである。尊意が道真を諫めたところ、道真は天にのぼり、荒れ狂う鴨川の流れはぴたりと静まったという。その登天石を、尊意は自宅に持ち帰って祀った。それが醍醐天皇の勅命で火難水難除けの社とし

北野天満宮

て祀られた水火天満宮の始まりである。

移転した現在も、境内には道真が降臨した登天石がちゃんと安置されている。その並びに、「是より洛中荷馬口付のもの乗へからす」と注意を促した古い石碑が建つ。つまり、ここから都に入るので、馬を降り、繋いで荷を引かなければならないという標識だ。江戸時代、ここは堀川通の端にあたり、洛中と洛外を隔てるラインであった。藤原氏が怒れる天神に都の警固を恃んで以来、時代は移れども、都の境界線に道真は祀られたのである。

六条河原院の猟奇殺人

たとえば新京極にある錦天満宮を見ても、藤原氏が道真をいかに利用しているかが窺える。現在の錦小路東端にあるのは、天正十五年（一五八七）に豊臣秀吉が都市改造で移転させたものである。もとは、六条河原院の源融《とおる》の邸跡に建っていた。道真の父、菅原是善の旧邸をそこに移築して歓喜光寺とし、その鎮守社として祀ったのが起こりである。

錦天満宮
錦天満宮の境内末社塩竈社には源融が祀られている。

六条河原院といえば、源融の幽霊が出ることで、平安時代に恐れられていたミステリーゾーンである。『源氏物語』で、夕顔が鬼に殺された「某《なにがし》の院」としても登場する。

嵯峨天皇の皇子でありながら臣籍降下し、「源氏」を名乗った源融は、それでも左大臣にまで昇りつめる。ところが融より下位にいた藤原基経に追いやられ、出世のラインから外れるのであった。しかし一転機、閑居の融に再びチャンスが訪れる。陽成天皇が譲位するときのこと、融は一念発起して「われも皇胤《こういん》の一人」と天皇の座を狙う。しかしまたも基経に退けられたのであった。

天下を動かすだけの力を持った人であったというから、鬱積した想いを抱え、源融の不遇の人生はいかばかりだったことか。いつしか、六条河原院には妖しげな霊気がただよい、幽霊が出没すると噂された。

それを裏付けるがごとく、「私は融の幽霊を見た」と証言するのは、宇多上皇である。融が亡くなって後、六条河原院は宇多上皇の手に渡った。そこで宇多上皇は融の亡霊に遭遇している。

宇多上皇は、融と同じく一度人臣に下って源氏を名乗ったが、後に皇族に返り咲き、即位した天皇である。あろうことか、この時、宇多天皇の後押しをしたの

源融周辺略系図（数字は天皇の代）

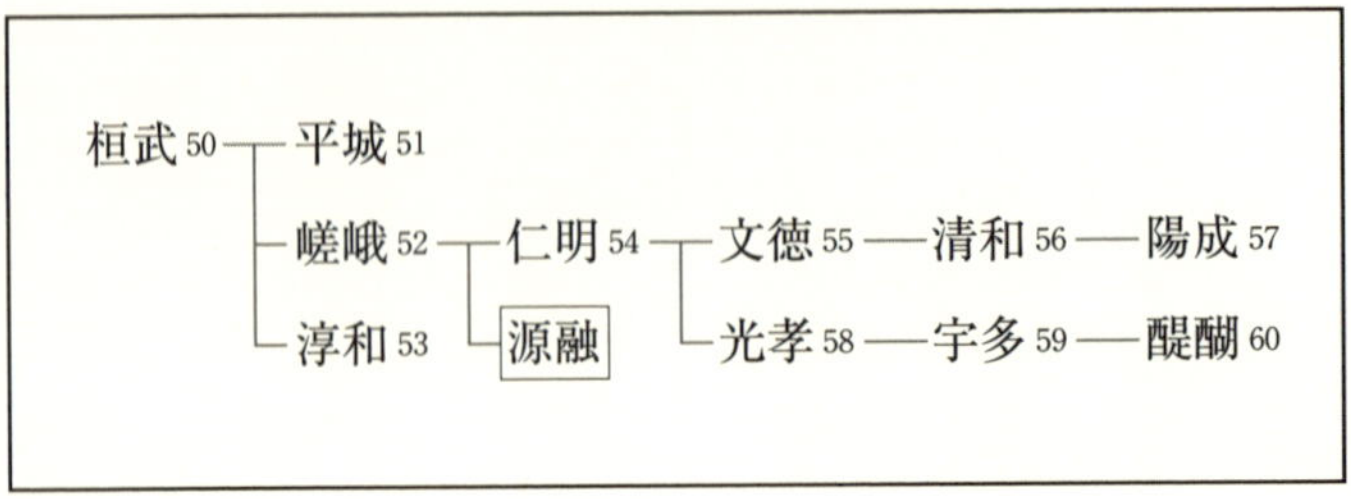

が藤原基経であった。融の怨霊が荒れ狂うのも頷ける人物相関図である。

そしてその基経の孫にあたるのが、藤原師輔なのだ。

平安時代の終わり頃でも、六条河原院の奇奇怪怪は収まらない。

東国から都に来た夫婦がいた。その夫婦は、六条河原院に一夜の宿をもとめた。夫が馬を繋いでいる間に、妻は邸の中に引き込まれてしまう。夫が助けにゆこうとしても、戸は内側から硬く閉じられ、まったく開かない。しかたなく夫は斧で引き裂き、なんとか部屋に飛び込むが、そこにあったのは妻の変わり果てた姿であった。血を吸い取られ、死骸は棹に掛けられていた。まさしく猟奇殺人であるが、そこに棲む鬼の仕業と思われた。

鎌倉時代に入っても、六条河原院は恐ろしい異空間であった。正安元年（一二九九）、その異界の地に歓喜光寺を建立したのが、九条忠教である。藤原師輔の子である兼家から数えて十三代目の子孫にあたる。六条河原院の怨霊が、自分の先祖を恨みに思っているとあっては、忠教も心中穏やかではない。融の怨霊を封じ込めるだけのパワーを持つものを、その地に祀った。師輔がしたように、忠教もまた道真に恃んだのであった。

源融河原院址

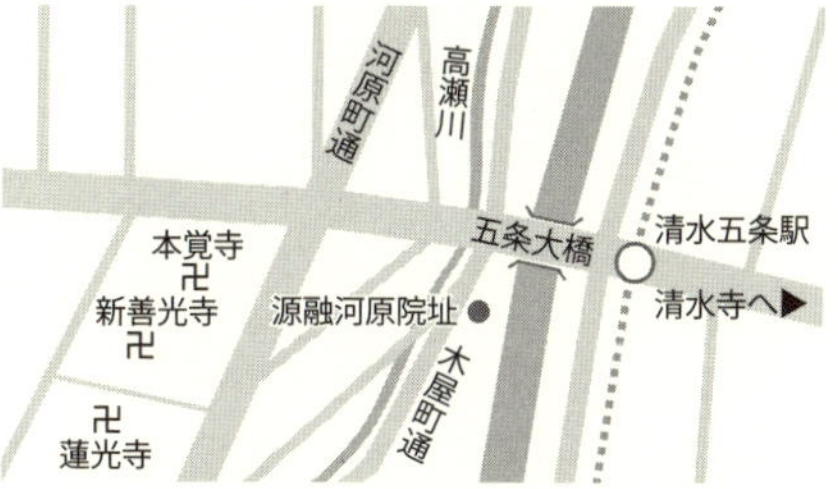

六条河原院周辺

京都人が愛した天神さん

藤原氏の遠隔操作はさておき、市井の人びとは天神さんを恃みにし、慕うようになる。というのも、雷は災難にもなるが、恵みの雨を降らすことも出来るからである。

京の七野のひとつに数えられる北野は、農耕の地であった。北野に祀ることで、天神さまは農耕の神として、人々から感謝される存在となった。ちなみに、天満宮のシンボルである牛は、農耕神のお使いである。その昔、田を耕すのは牛の力によるところが大きかった。また、道真が都落ちするときに太宰府までお供したのが北野の牛であったといわれ、繋がりが深い。

命日を大切にする京都人ならではの畏敬の念で、天神さんの二十五日は心からの祈りで祀られてきたのである。

天神さんの牛
この牛を撫でると頭が良くなるというので、みんな撫でてゆく。

天神さんの二十五日
毎月二十五日は境内一円に露店がたつ。たこ焼きなど通常の屋台のほか、骨董や古着・古裂、植木など露店の種類、店数とも東寺の弘法市（毎月二十一日）と双璧をなす。特に一月の初天神と十二月の終い天神は大勢の人でにぎわう。

はじまりは弟の怨霊 ―― 桓武天皇と早良親王

平安遷都の延暦十三年（七九四）、桓武天皇がまず着手したことは、弟の早良《さわら》親王の御霊を丁重に祀ることであった。それで創建されたのが、上御霊神社である。

京都に新天地を求めるにあたり、桓武天皇は不幸続きで打ちのめされていた。天皇に即位して、長岡京に遷都したものの、間もなく天皇の寵臣であった藤原種継が殺されてしまう。この暗殺事件の首謀者として挙がったのが、早良親王であった。早良親王は謀反の科《とが》で、乙訓寺に幽閉される。そこから淡路島へ流される途中、無実を訴え、飲食を断つことによって抗議し、無念のうちに壮絶死を遂げた。親王は淀川を渡るあたりで亡くなったにも関わらず、屍になってまで淡路島に流される仕打ちを受けたのだった。

これに端を発し、桓武天皇の身辺に不吉なことが起こるようになった。妻である藤原旅子が死去。さらに最愛の母である高野新笠、そして皇后の藤原乙牟漏が亡くなる。息子である安殿《あて》親王は、重い病気に罹る。天候は不順続きで、疫病も流行り、政《まつりごと》は安定しない。その原因を占ってみると、弟早良の怨霊の仕業であ

乙訓寺

桓武天皇周辺略系図

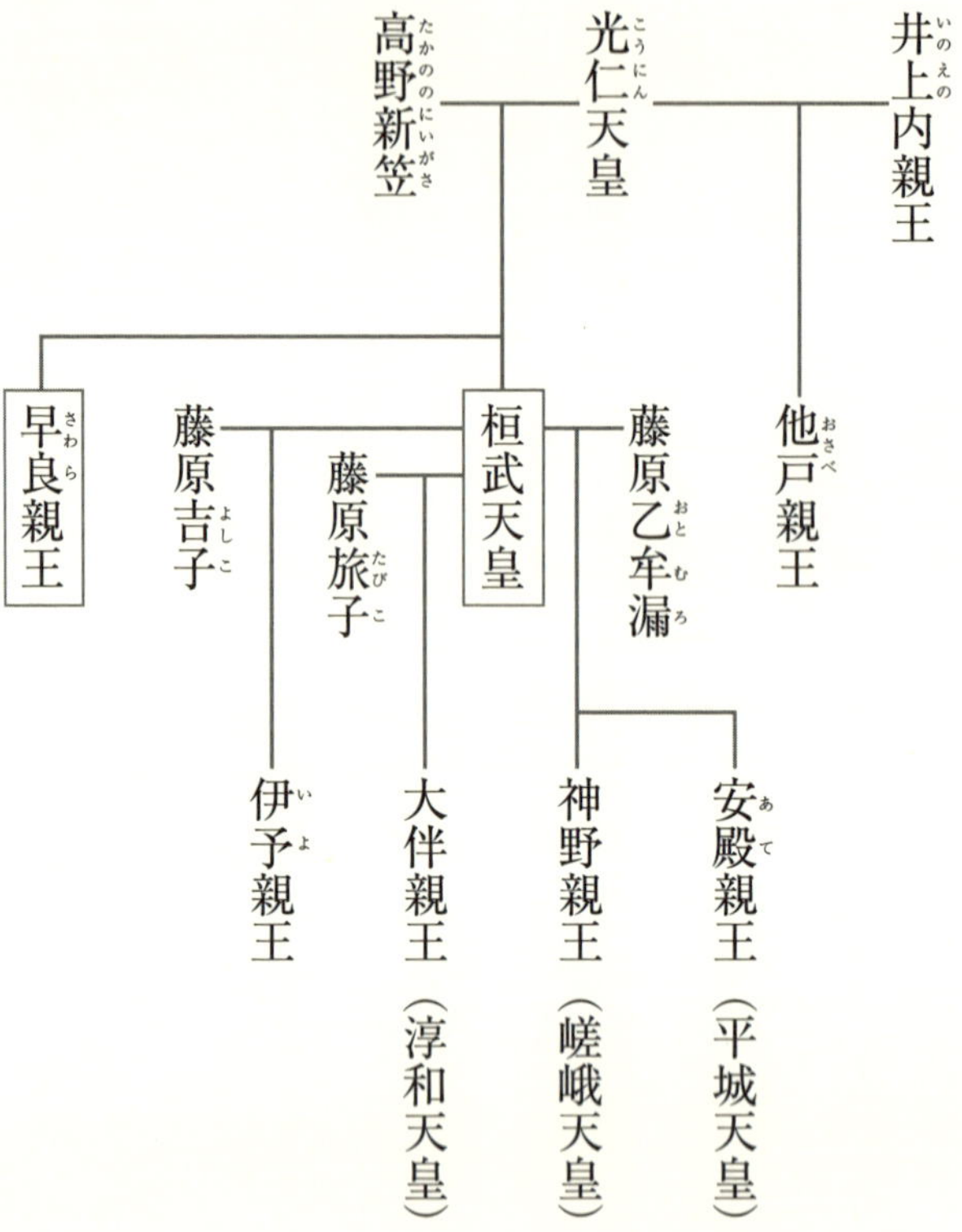
井上《いのえの》内親王
光仁《こうにん》天皇
高野新笠《たかののにいがさ》
他戸《おさべ》親王
藤原乙牟漏《おとむろ》
桓武天皇
藤原旅子《たびこ》
藤原吉子《よしこ》
早良《さわら》親王
安殿《あて》親王（平城天皇）
神野親王（嵯峨天皇）
大伴親王（淳和天皇）
伊予《いよ》親王

ることがわかった。

わずか十年で長岡京を去らなければならなかったのは、早良親王の怨霊が大きく蠢《うごめ》いていたからであった。

表鬼門ラインに祀られた八人の怨霊

こうした背景があって、早良親王の祟りを鎮めるために、怨霊を神として祀った。その後、御霊信仰が大流行し、この社に生前の怨みを抱えたまま亡くなった人たちが続々集まり、合祀された。

まずは、井上《いのえの》内親王と、他戸《おさべ》親王親子。

それは桓武天皇がまだ山部親王の時の話である。井上内親王は、桓武天皇の父（光仁天皇）の后で、他戸親王は弟にあたる。その母と息子が、光仁帝を呪詛《じゅそ》したという大逆罪で、大和宇智郡（現・奈良県北葛城郡）に幽閉され、悲運のうちに死んだのだ。親子が同日に死ぬというのも不可解なことで、どうやら殺害されたらしい。そしてその時、井上内親王は子どもを身籠っており、その子も、火雷

御霊信仰
天災や疫病は、恨みをもって死んだり非業の最期を遂げたりした者の祟りであるとし、その御霊を神として祀ることにより災厄から逃れることができる、という信仰。その祟り神を鎮めるために御霊会がしばしば行われた。

神として祀られている。
次に、桓武天皇の第二夫人である藤原吉子《よしこ》。第三皇子伊予《いよ》親王の母親であるが、この二人は桓武帝の死後、家臣の謀略に巻き込まれ、謀反の首謀者にされて捕えられる。そして大同二年（八〇七）、幽閉されていた大和で、服毒自殺をして果てる。その藤原吉子も祀られている。

桓武帝から平城、嵯峨、淳和と続き、その嵯峨太上天皇が亡くなった二日後の承和九年（八四二）七月十七日、承和の変が起こる。謀反の首謀者の一人として挙げられたのが、橘逸勢《たちばなのはやなり》だ。空海とともに遣唐使として遊学し、嵯峨天皇に空海を紹介したのも逸勢だといわれる。書の達人で、嵯峨天皇と空海と逸勢は、三筆と謳われた。この三人が大内裏の諸門の額を揮毫したのである。それほどの人物なのに、逸勢の弁明はいっさい聞き入れられず、「橘」という姓を奪われ、伊豆に流された。しかし、その途上で衰弱死したのである。

逸勢の死後も、都では奇怪なことが起こっている。逸勢が書いた内裏の安嘉門の字が、髪を逆立て、沓《くつ》をはいた子どもの姿に見え、その門を通る人が蹴り倒されたという。

また、承和の変から一年後、新羅商人と謀反を企てたとして、文室宮田麻呂《ふんやのみやたまろ》も

橘逸勢邸址

伊豆に流され、怨霊として祀られる。

そして吉備真備《きびのまきび》も祀られている。奈良時代、すぐれた学者から出世して政治家となった人物だが、理不尽に左遷させられて、不幸な最期を遂げた。

この八人の御霊が一堂に会する凄まじい社が、上御霊神社なのである。神社の近く、烏丸紫明の角に大きな病院があるが、その建物の北東は比叡山と対面している。まさに鬼門にあたる。いうまでもなく、病院の角は取られており、鬼の侵入を防いでいる。

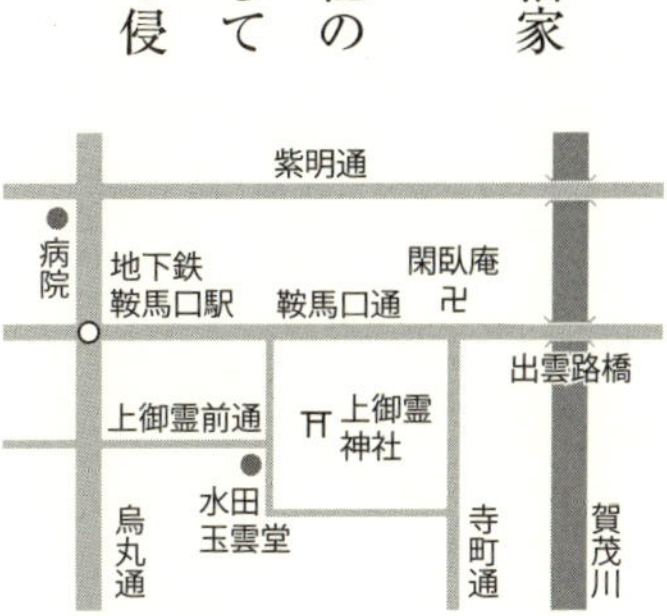

怨霊の眠る杜で、大乱が起こる

平安京を焼き尽くした応仁・文明の乱は、この御霊の杜で勃発した。文正二年（一四六七）一月十七日の夜半、東軍の畠山政長がこの神社で陣を敷き、西軍の畠山義就《よしなり》と戦った。政長は神社に火を放ち、わずか一日で自滅したが、これを皮切りに十一年に及ぶ戦いが始まった。室町幕府の全国支配を崩壊させたこの内乱も怨霊の成せる業なのであろうか。

怨霊厄除けの門前菓子「唐板せんべい」

明治に皇居が東京へ移るまで、怨霊の祟りを恐れ、天皇家では皇子が誕生するたびに、上御霊神社へ参詣する慣わしがあった。そこで必ず求められたのが「唐板せんべい」。鳥居前に店を構える水田玉雲堂で作られている焼き菓子である。

この唐板は、八所御霊のひとりである吉備真備が唐から持ち帰ったもので、貞観五年（八六三）に神泉苑で行なわれた御霊会の神饌菓子であった。この唐板を食べると、厄払いや疫病などの祟り除けに効くという。

水田玉雲堂
商う菓子は「唐板」のみ。それだけで応仁の乱以降、数百年続けて営業している。「唐板」は小麦粉と卵、砂糖でできていて、素朴な味。

早良親王の霊力

比叡山の麓、上高野は若狭街道に通じる交通の要衝である。都から見ると鬼門の方角にあたり、八瀬へ向かう途中に崇道神社が鎮座する。その名は、桓武天皇の実弟、早良親王の諡《おくりな》である。死ぬまで早良親王の怨霊に悩まされ続けた桓武天皇は、その霊を鎮めようと、神として祀り、崇道天皇という名も与える。

上御霊神社や藤森神社など、早良親王は京都のいたるところで祀られているが、それらはどれも幾柱かの御霊との合祀である。それに対して、崇道神社は、崇道天皇のみを祭神としている。

毎年五月五日に大祭が行われる。

基本的には、里堂《さとんど》から各氏子町内を通って、オカイラの森という御旅所へゆき、そこで神饌を供え、本殿に還る。前日の宵宮に、本殿から川向こうにある里堂へ、鞍に榊を乗せた神馬が渡る。この榊は神霊の依代《よりしろ》である。そこから里堂に飾られた神輿に、神霊は移るのである。

巡幸は、稚児、唐櫃、剣鉾、大榊、長剣、布鉾、さんよれ（囃子）、神輿、神馬、宮司、総代、村役、お供の順に列をなす。ところでこの崇道神社の神輿は、「荒れ神輿」といわれる。不思議なことにどこを通るか神幸《しんこう》は定まっていない。神輿（神霊）は思いのままに動き、道なきところでも平気で通る。村人が逆らおうとすると、神輿が急に重くなる。神輿が当たって、民家の軒が壊れることもあったそうだ。ある時など、叡山電車の線路に立ち止まり、まったく動かなくなったこともあるという。

比叡山へと続く叡山電車は、まさに表鬼門ラインを通る。その傍《そば》に、早良親王は祀られているのである。線路に神輿が座り込もうと、これみな、憤死された崇道天皇のおぼしめしだと、里人たちに信じられていた。

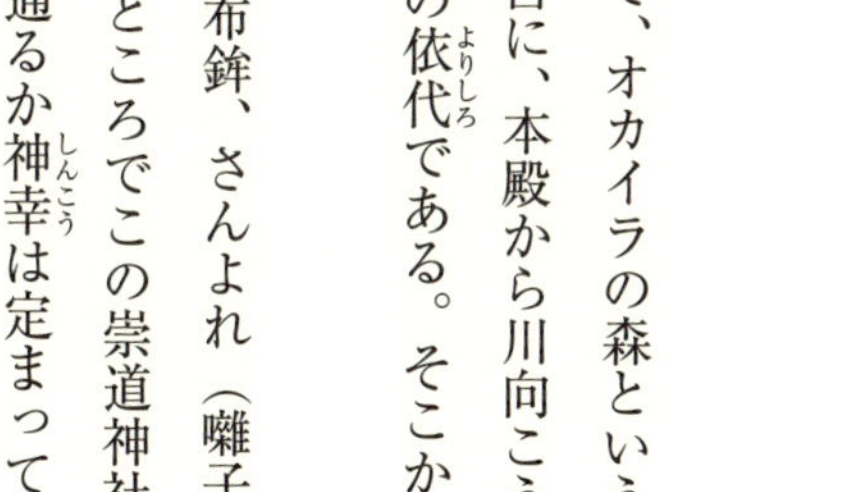

崇徳天皇

荒ぶる怨霊となった崇徳院

平安時代の終わり、怨霊となった天皇がいる。都から追いやられ、配流先の讃岐で無念のうちに死をむかえ都を祟った崇徳天皇である。鳥羽天皇の第一皇子でありながら、父帝の愛情を得られず、疎まれて早々に退位させられた天皇だ。

平安末期、藤原氏の勢力は弱まる一途で、白河天皇はそれに乗じて政治を執り、譲位後は上皇となって院政を開始した。永長元年（一〇九六）に出家して法皇となってからも、執権を握っていた。嘉承二年（一一〇七）に堀河天皇が亡くなると、孫の鳥羽を即位させる。さらにその子崇徳も、白河法皇の指図によって五歳で即位した。

一説には、崇徳天皇は鳥羽院の実子ではないのではないかといわれる。崇徳の母である待賢門院璋子《しょうし》は、白河法皇の意向で鳥羽院のもとに入内している。法皇の待賢門院に寄せる寵愛は深く、崇徳天皇の出生は謎とされている。ゆえに、大

崇徳院略系図（数字は天皇の代）

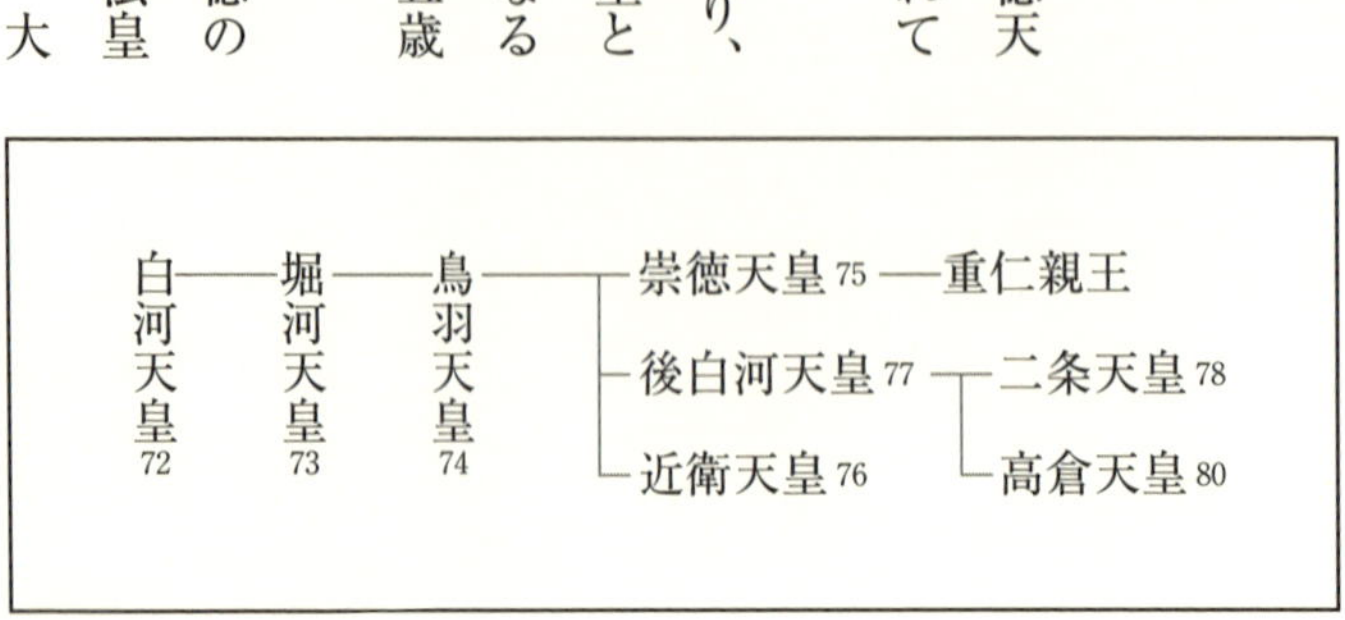

治四年（一一二九）に白河法皇が崩御し、鳥羽上皇による院政が始まると、たちまち崇徳天皇は不遇をかこつ。二十三歳の若さで譲位させられ、弟の近衛天皇に自分の居場所を奪われる。

いずれ自分が院政を執るのだと野望を抱いていただけに、隠居させられた崇徳院は歎く。しかし近衛天皇の後には、自分の子を皇位継承させようと、その時が来るのをじっと堪えていた。そして久寿二年（一一五五）、近衛天皇が崩御。しかし崇徳院にチャンスは訪れなかった。新帝にはもう一人の弟、後白河天皇が即位した。さらに後白河の皇子が立太子したため、崇徳院のわが子を皇位につかせ自分が院政を執るという望みは絶たれてしまった。すべては父と子の愛憎が生みだした悲劇であった。

翌年、年号が保元と改まる。鳥羽法皇は崩御し、父への遺恨は、そのまま弟後白河天皇との対立となって深まっていく。崇徳対後白河の二派の流れに、摂関家、平氏、源氏が乗じていき、親子、兄と弟、叔父と甥といった肉親同士が敵と味方に分かれて戦うことになった。これが保元の乱である。

この戦でも、崇徳院は敗北する。

都を追われ、讃岐に流されるが、崇徳院は侘びしい配所で都への思いを募らせつつ、「もしこの地で息絶えたならば、自分の魂は鬼と化すかもしれない」と、我が事ながら我が身のゆくえが恐くなる。それで罪業消滅のために五部の大乗経の写経に勤めた。心を込めて書写した経巻を都へ送り、せめてもの奉納を願った。ところが、たとえ筆跡であっても、都へ置くことはならないとつき返されてしまう。

崇徳院は憤懣やるかたない想いを胸に、送り返されてきた経文を鬼神に捧げ、都を呪った。怨念の果てに、崇徳院は歿した。その後、都は災いが絶えず、怨霊となった崇徳院が猛威をふるっているのだと、都の人びとは畏れた。

怨霊が愛した藤の花

崇徳院が讃岐で亡くなって十数年後、現在、東山の安井金比羅宮が鎮座する地に崇徳院の霊が現われた。そこはもともと藤原鎌足が建てた寺で、藤を植えたことから、藤寺といっていた。崇徳院は都にいた時分、ここの美しい藤が大好きであった。それで愛する阿波内侍を住まわせていた。崇徳院が亡くなったときには、阿波内侍が、寺の観音堂に崇徳院自筆の御影を祀ったといわれるほど縁の深い地である。

その寺に大円法師が参拝した時、亡くなったはずの崇徳院が現われた。愕《おどろ》いた法師は、後白河法皇にそのことを伝えた。すぐさま法皇の勅命で光明院観勝寺が創建され、この地に崇徳院が祀られるようになった。さらに江戸時代に入って、崇徳院ゆかりの讃岐金刀比羅宮を勧請して鎮守とした。

怨霊にあやかり縁切り石をくぐる

崇徳院が讃岐の金刀比羅宮に籠もった時、一切の欲を捨てて祈願したことから、「断ち物」の祈願所といわれる。境内には縁切り縁結び碑《いし》が安置されている。高さ一・五メートル、幅三メートルの巨石の中は、自然に穿たれた穴が開いている。石の面には身代わり御札がぎっしりと張られている。札に願い事を書いて、石の前から後ろへ穴をくぐって悪縁を切る。また反対に後ろから表にくぐると良縁を結ぶといわれる。男女の仲をはじめ人の縁はもちろん、崇徳院の強烈な一念にあやかり、病気や悪癖を断ち切るのもよしとされる。

あまり人目につかないが、安井の北門を出て、万寿小路西側に崇徳院の霊を慰

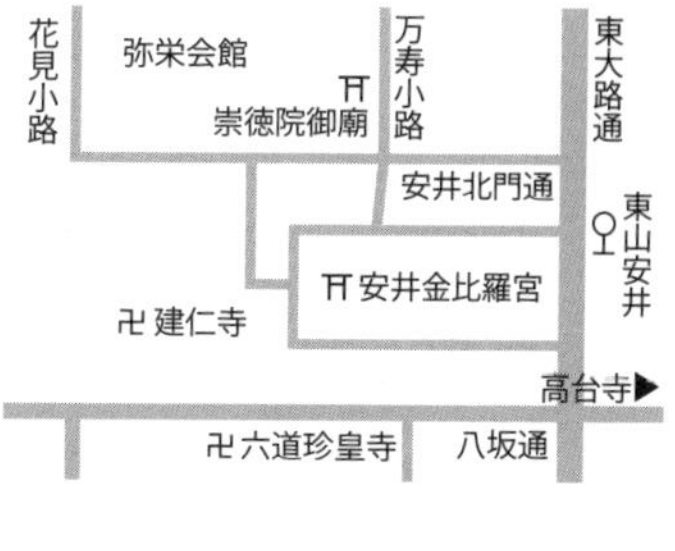

めるために建てられた御廟がある。祇園甲部歌舞練場の裏手にあたり、ひっそりと祀られている。寵妃阿波内侍が、崇徳院の遺髪を埋めて供養したと伝わる。

サッカー選手も参詣する——鞠の守護神が宿る社

堀川今出川を東に入ったところに鎮座する白峯神宮にも崇徳院は祀られている。白峯とは、讃岐の白峯山のことで、崇徳院の亡骸が運ばれたところである。そこに棺が納められる時、激しい雷雨となり、棺からおびただしい血が流れ出たという。その白峯の崇徳院の霊を勧請して祀っている。

この境内は、もともと歌と鞠の二道にすぐれた飛鳥井家の屋敷があったところである。その先祖をたどると、後白河天皇が懇意にしていた大納言藤原成通につながる。蹴鞠の達人であった藤原成通は、神がかりといえるほどの蹴鞠に関する逸話をもつ。鞠を自在にあやつり、ある時など清水寺の舞台の欄干の上で、鞠を蹴りながら歩いたという。天高く鞠を蹴り上げると、天に届いた鞠は地上に返ってこなかったこともある。超人的な技の数々は、自然に身についたものではなく、練習

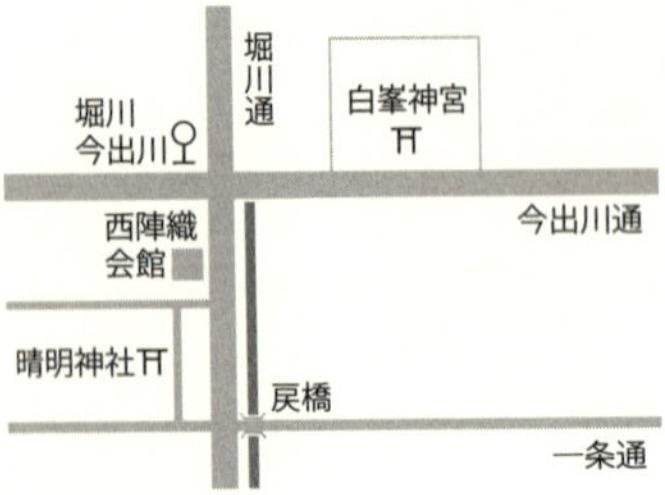

に継ぐ練習によって培われたものだ。成通は、病気のときでも布団の中で練習をやめなかったという。その成通に、蹴鞠を千回し続けるよう命が下った。するとある夜、成通の枕元に蹴鞠の神である鞠精大明神《まりのせい》が現われ、「願いを成就させてやろう」と言って消えた。いざ成通が千回の蹴鞠に挑戦していると、途中で危うく鞠が地面に着きそうになった。すると見えない手が鞠を支え、その甲斐あって無事千回の蹴鞠を成就することができたという。

白峯神宮の境内東側には地主社の祭神として鞠精大明神が祀られている。これが近年ボールを扱うスポーツ全般の守護神として知られるようになり、全国で唯一の球技闘魂守を求めてJリーガーやプロ野球選手からスポーツファンに至るまで参詣者が絶えない。

また四月十四日と七月七日には伝統を受け継ぐ蹴鞠保存会によって「蹴鞠」が奉納される。鞠精大明神は七夕の神とも説かれ、芸能・学問の向上を願って少女たちが、七夕の笹のまわりで織姫舞を披露する。

白峯神宮の歴史は新しく、崇徳院の神威を得ようとした孝明天皇の遺志を継いだ明治天皇によって創建されている。しかしその土地の記憶が、飛鳥井家から藤原成通を介して、後白河天皇につながっているのも奇しき因縁を感じる。ちなみに末社の伴緒社《とものおのやしろ》は保元の乱で崇徳上皇に味方した源為義《ためよし》・為朝《ためとも》父子を祀っている。

人喰い地蔵

京都には人喰い地蔵と呼ばれる、物騒な名前の地蔵尊がいる。ほんとうの名を崇徳院地蔵といい、いつ頃からか「すとくいんじぞう」が訛って、人喰い地蔵というようになった。怨霊となった崇徳院の話も加味されてのことかもしれない。しかし、土地の人びとは気味悪がるどころか、人喰い地蔵に花を手向ける。その地蔵尊の面立ちは穏やかで、無病息災のご利益があるといわれている。もとは京大病院のところに祀られていたそうだが、現在は、山伏の総本山である聖護院の塔頭、積善院準提堂の祠に祀られている。

後白河法皇のふしぎ話

怨霊崇徳院の弟

讃岐で憤死した崇徳院とは裏腹に、その間、三十四年も院政を司ったのが弟、後白河法皇である。非常に評判のよくない人物で、源頼朝のことばを借りるならば、「日本国第一の大天狗」といわれたほどだ。

その後白河法皇は、政よりも今様のような雅やかなことが大好き。自分の現世での罪は省みず、それなのに信仰に熱心（当時の流行として捉えていたのかもしれないが……）。特に、熊野権現に対する信仰は並大抵のものではなかった。京都に熊野の社が多いのは、この後白河法皇に起因する。

枕もとに現われた熊野権現

今でも熊野参詣は大変なのに、交通手段を持たない八五〇年前に、三十四回も参っている。あるとき後白河の枕元に、白髪の僧の姿をした熊野権現が現れ「われを梛《なぎ》の樹の所に祀れ」と神託があった。後白河は、方々探させたところ「一夜にして梛の木が生じ、大木となったところがある」という知らせを受ける。その地が東大路通の泉涌寺道のところにある新熊野神社だった。早速、平清盛を社殿造営に当たらせているが、その造営工事がたいへんなものであった。神社全域に、土地を三尺（約一メートル）掘り下げ、聖地熊野から土砂を運び入れ、その上に造営する社殿の建材も熊野から調達。神域には那智の浜の青白の小石を敷きつめた。まさに熊野の様相をこの地に再現したといわれている。現在も、東大路通を歩いていると、道路に覆いかぶさるように神社の樟《くすのき》がせり出している。これが永暦元年（一一六〇）、神社創建の時に熊野から移した樟樹である。後白河上皇お手植えと伝える。幹回り十五メートル、高さ二十三メートルの堂々たる姿はすべての歴史を見てきた風格さえ感じる。地元では大樟さんと親しまれている。また境内各所に植わる梛も熊野から移されたものだ。

身代わりになった不動明王

平清盛の力によって大きな内乱を乗り切り、熊野勧請のような贅沢三昧をしながら、平家が巨大勢力になると、陰にまわってそれを潰しにかかるのが後白河法皇である。敵方源氏の木曽義仲と暗躍したのだが、それで自身も追い込まれることになる。

寿永二年（一一八三）六月、木曽義仲は平家を都落ちに追い込むが、すぐに後白河法皇と対立してしまう。そして十一月には、法皇の院御所である法住寺殿を焼き討ちし、法皇を幽閉してしまう。俗に法住寺合戦と呼ばれるが、そのとき後白河法皇は九死に一生を得ている。天台座主の明雲が法皇をかばって敵の矢に倒れたのだ。この時法皇は「お不動様が明雲となって我が身代わりとなってくれた」と涙を流したという。

この不動明王を「身代わり不動」と呼んで祀っているのが法住寺だ。

法住寺は三十三間堂の東に位置する。後白河天皇の陵墓を守護するために、元和七年（一六二一）、妙法院によって建てられた天台宗の寺院である。ここはもと後白河法皇の院御所、法住寺殿があったことから、それにちなんで法住寺と名付けられた。身代わり不動は後白河法皇の念持仏で方除、厄除の御利益があり、江戸時代には忠臣蔵の大石義雄も大願の成就を祈って参拝したと伝えられている。

法住寺

法住寺の龍宮門はかつての御陵の正門である。法皇が不動明王に助けられた十一月には身代不動尊大祭（大護摩供）が行なわれる。境内で数万本の護摩木が焚きあげられる。そこへ天狗に先導された赤、青、黒の鬼たちが現われ、剣や鉞を持って炎のまわりで踊るのである。あらゆる苦しみを取り除いてもらうべく、不動明王に祈願するのである。

頭痛の病因は、前世の髑髏の仕業

法住寺の向いには蓮華王院（三十三間堂）が広がる。

蓮華王院は、法住寺殿の中に建てられた御堂である。現在の御堂は鎌倉期の再建であるが、もとは長寛二年（一一六四）に後白河法皇の願いをかなえるために、清盛が奔走したものである。

柱と柱の間が三十三間（約一二〇メートル）という横に長い御堂に、黄金に輝く一〇〇一躰の千手観音像が安置されている眺めは荘厳である。その一躰、一躰、頭には十一の顔があり、両脇には四十本の優美な手。一つの手が二十五の世界の

蓮華王院
豊臣秀吉が巨大な大仏殿をもつ方広寺を造営した折、三十三間堂の築地塀や南大門、西大門を建造している。その南大門と築地塀はそのまま残り、西大門は東寺の南大門として移築されている。

救済にあたるので、一〇〇〇（四十×二十五）の手が差し伸べられていることになる。中尊の両側（左右十段五十列）に、千の手をもつ観音菩薩が千躰現われ、御堂に一歩足を踏み入れると無限の慈悲に包まれる。

毎年成人の日にあたる日曜日に、この本尊の前で楊枝《やなぎ》のお加持が行われる。この加持を受けると頭痛が癒えるという。なぜ頭痛かといえば、後白河法皇が偏頭痛に悩まされつづけたことに起因する。頭痛に苦しむ後白河は、夢告によって前世の髑髏が熊野の岩田川の水底に埋まっていることを知る。それを救出し、手厚く供養したところ痛みは治まったという逸話による。

柳のお加持では七日間加持祈祷した香水を、柳の枝でもって頭上に振りかけてもらう。すると頭痛が治り、無病息災で暮らせるという。

身を清めた今熊野観音寺

泉涌寺道を上り、瑞々しい山内にある今熊野観音寺もまた、後白河法皇の頭痛平癒のご利益がある。寺の起源は、空海がこの地を訪れ、熊野権現の化身である

今熊野観音寺
泉涌寺道を上り泉涌寺の総門をくぐると清浄な空間が広がる。さらに進んで鳥居橋を渡ると観音寺の境内。

翁に出遭ったことによる。そのとき翁から一寸八分（約五・六センチ）の十一面観音像を託された空海は、ここに一字の堂を建てる。手にした仏像の十倍のサイズで新たに十一面観音像を刻み、その胎内に翁から預かった秘仏を納めた。それが現在の今熊野観音寺の本尊である。のちに後白河天皇が熊野権現を勧請し、前述の新熊野神社を建立する。熊野に詣でる際の精進潔斎の場所とした。ここでも、後白河法皇の持病にご利益があり、頭痛平癒の観音さまとしても信仰が厚い。

安倍晴明 —— 異界のモノを操る陰陽師

陰陽師で最も小説や映画、舞台などに登場し、よく知られているのは、安倍晴明である。普通の人では見えないものが見えたため、師匠である賀茂忠行に可愛がられ、術をしっかりと仕込まれた。風水の技術を会得し、自然を読み、事件を予知した。また、鬼（式神）といわれる精霊を操って、時には人をも呪い殺した。科学の発達した現代からみると、謎に包まれている。

活躍した時代が、未曾有の権力者として有名な藤原道長の政権確立と重なるため、道長の危機を救った話が作られている。

道長が法成寺の門から入ろうとした時、可愛がっていた白い犬が異常に吠える。さらに裾をくわえて行かせまいとする。道長が晴明を呼んで占わせると、目の前の地面に危険が潜んでいる、呪詛であると見抜く。さらに晴明は、術を使って、その犯人が道摩法師（晴明の弟子）であることまで突きとめる。法師は、道長の政敵・藤原顕光の命によって呪詛したことを白状したという。

晴明の使った術は、懐紙を鳥の形に作って呪文を唱えると、いつのまにか白鷺となって犯人の家に飛び下りるというものであった。晴明の呪文には異界のモノを操る力があったということであろう。

道長を救った話をもう一つ。

道長が物忌みのため、外出をひかえ家に閉じ籠もっていた時、五月一日というのに南都より珍しい早瓜が献上された。一緒に籠もっていた晴明に占わせたところ、「その中の一つに毒がある」と言う。さらに、加持祈祷をすればその毒は顕れると言うので、同席の僧に加持をさせると、なんと瓜が動き出した。その毒気を押さえようと針を二本刺すと、瓜はまったく動かなくなった。そこで腰刀を抜き、瓜を割ってみると、中に小さな蛇がとぐろを巻いていた。針は蛇の両目を刺しており、刃は蛇の鎌首を斬り落としていたのであった。

また、花山天皇と関わった話も結構ある。

頭痛に悩まされていた花山天皇が、病気平癒を晴明に頼んだところ、「帝の前世は、偉い行者であり、大峰山で入滅されたのですが、その髑髏が岩の間に挟まっているのです。雨の日は湿気を含み岩が膨張するので、髑髏はさらに圧迫されます」と説明する。晴明の言うとおり、雨の日、天皇の頭痛は一際悪化した。晴明は「その髑髏を取り出し、広いところに安置すれば頭痛は治ります」と占った。卜占は、ピタリと当たり帝の病は治ったという。

また、星の動きに異変を察知し、花山天皇の出家を晴明が予告した話も伝わっている。

晴明の威力が、他の陰陽師に比べいかに凄いかを表した話がある。

晴明が内裏に出仕した時、鳥が蔵人の少将に糞を落としているのを目撃した。「式神の仕業だ」と感じた晴明。それは、鳥に姿を変えた式神が少将に呪いをかけているところであった。晴明は、事の重要さを少将に告げ、少将の邸で呪文を唱えて夜を過ごした。すると明け方、少将の義理の兄弟が顔面蒼白の形相で現れた。少将を妬んでいた兄弟が、陰陽師に頼み、式神を使って呪い殺そうとしていたのである。ところが、晴明の呪文に太刀打ちできなかった式神は行き場をなくし、逆に自らを操っている陰陽師のほうを取り殺してしまったのであった。

そんな晴明に、畏れを知らぬ僧が、問いただしたことがある。

「あなたは、式神を操るそうだが、それで人も殺せるのか」

「わたしの呪力を使えば容易いこと」

「では、あれを殺すことができるか」

と言って、僧は一匹の蛙を指さした。晴明は、その場の草を摘み、呪文を唱え蛙に投げつけた。草が蛙に覆いかぶさるやいなや、蛙は押し潰されて死んでしまっ

晴明神社

ていた。

晴明のこういった話は、『今昔物語集』をはじめとした平安後期の説話集に伝わっているが、鎌倉時代の説話集『宇治拾遺物語』にも同じ話が採られている。現代だけでなく、当時から人気者であった。

京都には、天つ神以外では怨霊を祀る神社が多いが、晴明は八十を超える長寿で亡くなっており、別にこの世に恨みも持っていない。それにも関わらず、祀られているのは、超人的な術に対しての人々の畏れであろう。

天下人豊臣秀吉も恐れた陰陽師の不思議な力

昔、すぐに氾濫をおこした鴨川は、今の流れからは想像もできないほど川幅があった。だから川の間に大きな中島があった。四条と五条の中ほどに架かる松原橋のそばにあったそうで、そこに晴明塚があった。晴明は洪水を鎮めるため、その中島に法城寺を建立した。しかし後世、陰陽師の勢力を弾圧した豊臣秀吉によって消滅する。晴明が亡くなってから五百年以上もたってなお、時の権力者を怯えさせていたのである。

もうひとつ、鴨川の近くに晴明の神像が伝わっている。新京極と河原町の間を通る裏寺町の角に晴明坐像を安置する長仙院がある。眼光鋭く、口を真一文字に結び、何かを見据えるように静かにたたずむ晴明像。本堂には晴明の隣に蝉丸像、その後ろに花山天皇と親しい妙法院少将法院権大僧都像があり、三躰とも平安期の作と伝わる。廃仏毀釈で混乱する明治時代に長仙寺へたどり着いたという。

また、水をつかさどる貴船の神霊とも晴明はつながっている。寺町通の北端、鞍馬口にある閑臥庵に鎮宅霊符神が祀られている。もとは貴船の奥の院に祀られていた神像で、晴明の開眼によると伝わっている。

寛弘二年（一〇〇五）九月二十六日に八十五歳の生涯を閉じた晴明であるが、世の中が不安になると晴明ブームは不思議と起こる。人びとは晴明の見えない力を恃みにする。晴明の社に参詣人が絶えることはない。

晴明の霊は、一条戻り橋の西側にある晴明神社の中で、今も式神とともに棲み、何をしようとしているのだろうか。

伏見城の血天井

豊臣家を滅ぼした悪女の異名をもつ秀吉の愛妾淀殿は、小谷城《おだに》（滋賀県）の城主浅井長政と信長の妹お市の方とのあいだに生れた娘である。落城の際に、父や兄弟は命を落とすが、淀殿（お茶々）をはじめとする三姉妹は秀吉によって救われる。そして母親ゆずりの美貌をもつ淀殿を、秀吉は自分の妾に迎える。

淀殿は秀吉の溺愛のもと、贅沢のかぎりを尽くす。そのひとつ、三十三間堂の東側にある養源院は、淀殿が父の菩提を供養するため、文禄三年（一五九四）に創建した寺である。寺の名は長政の法名からとられている。

養源院の御堂は、一度焼失しており、現在の本堂は、淀殿の妹お江方（徳川秀忠夫人）が、姉の遺志を継いで元和七年（一六二一）に再建したものである。

本堂は伏見城の遺構で、鶯張りの廊下の天井には血痕がみられる。その血痕は、関が原合戦の直前のものと判明している。石田三成が挙兵し伏見城を包囲した際、家康の命を受けて城を護っていた鳥居元忠が城内で死闘を繰り広げ、自刃した廊下の、まさにその床が使われている。

伏見城
豊臣秀吉が晩年に住み、その死後は徳川家康が城を預かっていた。城の周辺には大名屋敷が建ち並び、正宗町、島津町、松平武蔵町など今も町名にその名残を見ることができる。

養源院
血天井も有名だが、俵屋宗達の杉戸絵も迫力満点。

血に染まった鳥居元忠の顔形が床に写る

伏見城の留守を預かっていたのは、徳川家康の忠臣、鳥居元忠であった。家康と元忠の出会いは古く、家康がまだ竹千代の幼名で今川家の人質だった頃にさかのぼる。元忠はその時からの側近である。

幾多の戦果を挙げた元忠は、三方ヶ原戦で足を負傷し、以来、杖を必要としたが、家康は元忠を重用した。

家康が伏見城から出かける際も、これが主従最後の別れになるかもしれないと、ふたりはしみじみ語り合ったといわれる。

かくして元忠には、死を覚悟して戦にのぞむ心構えが出来ていた。それゆえ、七月十七日に石田三成が兵を挙げ、十九日の夕刻に伏見城の攻撃が始まった当初、元忠の護る伏見城は鉄壁でゆるぎなかった。それでも三成の計略によって城内に裏切り者が出て、いよいよ松の丸の櫓《やぐら》が炎上した。城壁に穴が穿たれ、敵の侵攻を防ぎきれない。

元忠のもとに、自害するようすすめる声も聴こえてきたが、味方が数えられるほどの一握りになるその時まで、元忠は戦いぬいた。

本丸の御殿では、畳をあげて積み重ね、防壁にしていた。その剥き出しの床の上、鳥居元忠は自刃する。元忠とともに鳥居家の臣下三百五十余人も、敵に討たれ、あるいは自らの刃で壮絶な死を遂げた。

伏見落城は八月一日。その悲報が江戸にいる家康のもとに届いたのが八月十日のこと。関ヶ原の前哨戦といわれる伏見城の戦場は、戦乱のどさくさに紛れ、二ヵ月近く放置されていたともいう。夏の日盛りに、武士の流したおびただしい血は、城の床を黒々と染めていった。

ちなみに、鳥居元忠の遺体は人目につかぬよう運び出され、浄土宗七大本山のひとつ百万遍の知恩寺で手厚く葬られた。家康は心から謝意を表したという。

血天井の意味

京都には血天井がいくつもあるが、なかに、薄気味悪いといって眉をひそめる観光客がいる。これは悪趣味の仕業ではない。訳ありの床板を、寺の建材に使うのは、非業の死を遂げた者たちの魂を供養する意味がある。

なかでも、養源院の血天井は知られており、庵主さんの話では、血に染まった鳥居元忠の横顔がそのまま写っているという。本堂には、源信の作といわれる阿弥陀仏が安置されており、厨子には浅井長政やお江方、そして歴代徳川将軍の位牌が並んでいる。江戸時代は徳川家の菩提所として篤く敬われていた。淀殿を大坂城の炎に包んだ徳川家。淀殿が発願した寺が、後に徳川家の菩提寺となるのもあまりに皮肉な話ではある。

伏見城の遺構を移した血天井のある寺

血塗られた伏見城の遺構は、京の寺々に移築された。まずは鷹峯の源光庵。唐風屋根の山門をくぐり参道を行くと、様々な草木が両脇を彩り正面に入母屋造りの本堂が見える。

本堂廊下の天井が伏見桃山城の遺構である。落城の際に、伏見城に立てこもっていた残る三八〇人が自刃した時の痕跡である。手形や足を引きずった跡が今も生々しく残り、当時の悲惨さを物語っている。開山卍山禅師と徳川家との密接な関係により、本堂再建の際にこの床板の一部を移して本堂全域の天井とし、兵士たちの菩提を弔っている。

本堂右手に、悟りの窓と名付けられた円窓と、迷いの窓といわれる四角い窓がある。円窓は宇宙へ通じる悟りの境地「禅と円通」の心を表わすといわれる。一方、迷いの角窓は人間の一生を象徴して「生老病死四苦八苦」を表わしているという。庭の奥にある灯籠も、伏見城の遺構のひとつであり、「伏見灯籠」と名付けられている。

次に西賀茂の麓にある正伝寺である。本堂は伏見城の遺構で、広縁の天井は血天井で知られる。そこから借景庭園が広がる。刈り込みの向こうには、比叡山の霊峰が望める。

その比叡山の麓にあたる大原の宝泉院にも血天井はある。京都から若狭へ通じる鯖街道の途中に位置する。

南へ目を向け、宇治川の東畔を清流沿いにゆくと興聖寺がある。総門を一歩入ると、そこは静寂に包まれ、厳しい禅の世界の雰囲気が漂う。さらに山門まで真っ直ぐ続く約二〇〇メートルの参道には、石垣の上に紅葉や山吹などの樹木が茂り、谷川からの水が坂の両脇を流れている。このせせらぎの音と坂の形が琴に似ているところから、琴坂と呼ばれる。坂を上りきると龍宮造の白い山門が建ち、くぐると視界が広がる。薬医門（中雀門とも）へ通じる石畳の道が中庭へといざない、庭を中心として法堂、方丈、開山堂、禅堂などが整然と建ち並んでいる。法堂（本堂）は慶安元年（一六四八）、伏見桃山城の遺構を移築したもので、やはり血天井が張られている。

宇治川が、鴨川、桂川と合流し淀川へと流れる八幡《やわた》にも伏見城の遺構は伝わる。男山の山懐に抱かれた神應寺もそのひとつである。

こうして見てゆくと、伏見城遺構の血天井は、無念の死を遂げた者たちへの供養であるが、それだけではない裏の意図があぶりだされてくる。

血天井が配された寺の位置をみてみると、どれも京への出入口付近にある寺であることがうかがえる。つまり、交通の要衝にあって、伏見城に流された無念の血を掲げることで、外敵の侵入を防ぐ役目もあったのかもしれない。はるか昔、桓武天皇が非業の死を遂げた者の力を恃みにし、味方につけて守護してもらったのと同じように……。

比叡山
西賀茂
賀茂川
宝泉院
大原
鷹峯
正伝寺
愛宕山
源光庵
御所
東山
鴨川
養源院
京都駅
桂川
伏見城
天王山
宇治
宇治川
興聖寺
神應寺
八幡
木津川

怨みます、呪います

女の妄念――橋姫神社、鉄輪、貴船神社のつながり

貴船の杜に呪いの藁人形

霊気がもっとも漲《みなぎ》る丑の刻（午前二時ごろ）、白い着物姿の女が裸足で貴船に詣でる。境内の大杉に、「呪」の札を貼った藁人形を据えて、五寸釘で打ち付ける。この妄執すさまじい姿を、だれにも見られてはならない。ゆえに素顔を隠し、鬼の面をかぶる。人に見られるとその呪いの効き目はなくなる。

昔からまことしやかに語り継がれる丑の刻参りは、貴船神社の奥宮で行なわれていたほんとうの話である。歴史物語の『栄花物語』「たまのむらぎく」の巻にもあるように、貴船明神は、女性につれなくする男性に祟りをなすという。

伝説の龍穴あらわれる

貴船神社の起こりは、今から一六〇〇年より昔、反正《はんぜい》天皇の御世のこと。浪速

貴船神社

の津に玉依姫が黄色い船に乗って出現された。清らかな水源地を求めて、淀川、鴨川と流れをさかのぼり、貴船の奥宮にたどり着いた。「キフネ」の地名は姫の乗った「黄船」に由来するという。拝殿横には大きな船形石が安置されているが、積年の風雨の末に、黄船を覆い尽くした石の塚だと伝わる。ところで玉依姫は、貴船の地に降りられ、水の懇々と湧き出る龍穴の上に祠を建てられたと言い伝えられている。このほど、老朽化した奥宮の解体修理が行なわれ、伝説の龍穴が確認された。奥宮の本殿は「貴船龍穴」の上に建立されていた。

水を掌る社に水神を祀る貴船は、そこにいるだけで肌にしっとりと湿り気を帯びる。瑞々しい大気につつまれる。母なる神の玉依姫と深い縁がある地であるとともに、陰陽思想からすれば、水は女性とつながっている。貴船明神が女性を救ってくれるのも頷けることである。

鬼になった鉄輪の女

その貴船明神に、どうか自分を生きながら鬼に変えてほしいと願った女がいた。

漆黒の闇に包まれた洛北貴船に参詣し、愛する男に新しい恋人ができたことを恨み、相手の女を憑き殺したいと願った。そして貴船の神から、鬼になる方法を伝授される。

その方法とは、まず長い黒髪に松脂《まつやに》を飴のように塗りたくり、それを巻き上げて五本の角にする。顔には朱を差して、身体に丹を塗り、頭に鉄輪をかぶって、松明に火を灯して口にくわえ、姿を変える。そして宇治川に入って、橋脚のところで二十一日間浸かっているというものだ。

満願の日、思い通りに鬼に変貌した女は、嫉妬しつづけた女をはじめ、夫、親族にいたるまで憑き殺したのであった。

五条堺町通を北に上がり、民家が軒を連ねる西側に「鐵輪跡」の石碑が見える。民家の玄関を通るようなぐあいで暗い路地の奥へすすむと、注連縄を掲げた井戸がある。鉄輪の女が住んでいたところだと伝わる。一説には、捨てられた女が身を投げた井戸ともいわれ、その怨霊封じのために鉄輪をめぐらせたともいう。別名「縁切り井戸」と呼ばれ、この水を汲んで相手に飲ませると悪縁が断ち切れると信じられている。今は涸れ井戸なので、水を持参し、井戸の祠に供えて持ち帰ればいいらしい。

命婦稲荷
格子戸を開けると路地があり、その奥に鐵輪の井戸がある。石碑が堺町通にあるが、よく注意しないと通り過ぎてしまう。

江戸時代には鉄輪町という地名だったそうだ。井戸の傍には命婦稲荷社が祀られている。

嫉妬深い宇治の橋姫

この鬼になった鉄輪の女と混合されるのが宇治の橋姫である。

大化二年（六四六）に宇治橋が架けられたときに、上流から瀬織津姫を勧請したのが始まりで、もとは橋の三の間に祀られていた。それが近年、宇治川の大洪水を機に、橋の南詰を少し行った道路沿いに社殿を移したのである。

本来、宇治橋の守護神だったのが、いつしか人びとは橋姫を脅威に感じるようになった。というのも、姫は嫉妬深く、仲睦まじい男女をみると鬼神と化して、呪い殺すという俗信からである。

『御伽草子』の「鉄輪」では、鬼女退治に渡辺綱と坂田金時が駆り出される。四天王の武勇伝をもつ二人を前に、鬼女はどうか自分を弔ってほしいと頼み、宇治川に飛び込む。それを聞いた陰陽師安倍晴明は、宇治川のほとりに社を建て、

橋姫神社

宇治の橋姫として祀ったのであった。こんな話も一役買ってか、橋姫は畏れられる存在となった。宇治の人びとは、婚礼のときなど橋を避けて、舟で宇治川を渡ったほどだ。橋姫神社もまた縁切りの神として悪縁を絶つ霊験がある。

大蛇と化した女の怨霊――「花尻の森」と「乙が森」

鯖街道と呼ばれる国道三六七号線は、京から福井へ抜ける。途中、大原の里を通るのだが、その手前、高野川に架かる花尻橋を渡った傍に、江文神社の御旅所がある。この祠の周辺を花尻の森という。

昔、大原の里におつうという美しい女がいた。若狭の殿様に見初められて、おつうは若狭に連れてゆかれる。情熱に浮かされている時はよかったが、長い人生から見ればそれは一瞬のことで、殿様の思いが醒めると、途端につれなくされ、果ては里へ返される。その後、殿様が所用で大原を通った時に、おつうは一目逢おうと殿様を訪ねる。ところが家来に邪険に追い払われ、愛しい人の顔をみることも許されない。哀しみの淵に溺れたおつうは、大蛇となって殿様の一行を襲ったのであった。大蛇は斬り倒され、蛇の胴は花尻の森に、そして頭は寂光院手前の乙が森に埋められた。めったに人が訪れない森に、癒されることのない哀しみを抱えた女の怨霊が、今もまだ息を潜めているという。

おつうの悲恋のほかにも、大原には大蛇伝説がある。

惟喬親王の墓所の近く、大長瀬を山手にゆくと摂取院がある。別名蛇寺という。妻の菩提を弔うために、浄往という僧が建立した寺である。

出家前、浄往は道ならぬ恋に苦しんでいた。愛した相手は妹であった。本人以上に苦悩したのが浄往の妻であった。懊悩の末に妻は死に、その怨霊が蛇と化して浄往の首に巻き付いた。浄往は出家し、妻の怨念を一心に鎮めたという。

山里にひっそりとある蛇寺は、今でも浮気封じの霊験があらたかといわれている。

繁昌神社の班女塚 ―― 来ぬ人を待って、居座る娘の亡骸

そのむかし、男は女のもとに通い、女は常に待つ身であった。

もしも私のいないあいだに、恋する人がたずねてきたら……、そう思うと一歩

も家から離れられなかったのだろう。死んでからも家を留守にできない娘の情念が物語として伝え残っている。

下京区高辻通室町を西に入ったところにその娘の家はあった。前長門国守の娘で、姉と二人暮らしであった。姉のほうには夫があったが、娘はいまだ独身で、時おり男が通ってきていた。ところが娘は病に罹り、若くして亡くなってしまう。

娘の遺体を鳥辺野へ運んだ時のことである。やけに棺が軽く、不思議に思って中を見てみると、いつの間にか遺体が消えていたのだ。会葬者が家に戻ってみると遺体が臥しているのであった。翌日、再び葬送したが、また遺体は戻ってきた。娘の遺体は、在りし日に男と睦まじく語り合っていた部屋にきまって臥せているのである。そしてついには根が生えたように動かなくなり、家の床板をはずして、そのままそこに埋葬したのだった。いつしか、この塚を神格化し、女性を祀ることから弁財（才）天を祭神にしたのだった。それが現在の繁昌神社の起こりである。弁財天は別名針才女《はりさいじょ》ともいい、それが訛って、班女神社、そして繁昌神社と変化していったともいわれる。弁財天は、名前に「財」がついていることからも金運の神さまといわれた。室町という場所柄もあって商売繁盛のご利益があるが、やはりもとをたどれば縁結びの霊験があらたかであった。

繁昌神社
近くには菅原道真の邸跡に建つ菅大臣神社や、平将門を祀る神田神宮などがある。

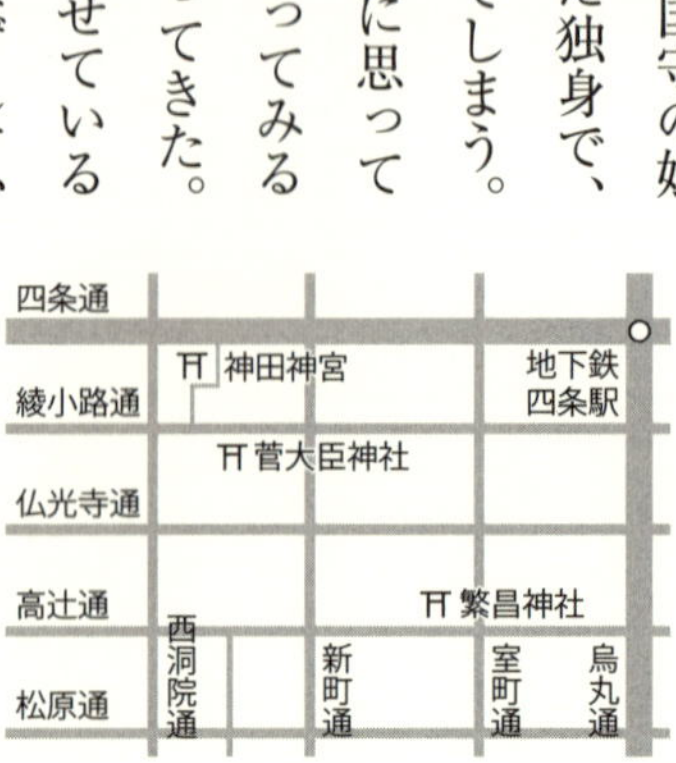

長い歴史の中で、豊臣秀吉が都市改造のときに一度、神社を移転させたそうだが、祟りがあるといって、もとの場所に戻したという。天下の秀吉をもってしても、女の執念にはなす術がなかった。確かに、神社の旧鎮座地には、班女塚と呼ばれる小祠を祀る巌が安置されている。

繁昌神社の例祭は、五月二十日に行なわれていた。昔は全裸の男たちが神輿を担ぎ、娘の霊をなぐさめたという。

小野小町

小野小町は、いつ生まれ、いつ亡くなったのかもまったくわからない。そもそも「小町」とはどういう意味なのか。単なる人名なのか、俗称なのか、ほんとうに謎である。ただ現代において、日に焼けた美人を「赤道小町」というＣＭがあったように、「小町」という単語を「美人」の意味で親しんできたことだけは事実である。

一方で小町は、『古今和歌集』に十八首も採用され、編者である紀貫之にその序文で、六歌仙の一人として歌を採りあげられ批評された人物でもある。在原業平、僧正遍昭、喜撰法師、大伴黒主、文屋康秀につづき、女性ではただひとりである。それほど有名な歌人だけに、謎にみちた伝説も多い。小町に恋い焦がれた深草少将の悲恋物語もそのひとつである。

絶世の美女と謳われ、すぐれた歌を詠む才女小町は、平安貴族の憧れの的であった。日々寄せられるラブレターで塚が出来るというほど、小町に想いを寄せる者は、あとを絶たない。しかし、小町は、誰にもなびかなかったのである。その毅然とした態度は、恋する者にとって冷たく酷い仕打ちにも思えた。恋心は度を過ぎると恨み心となる。その思いの丈がいかに凄まじいものであったか、深草少将の百夜《ももよ》通いに見ることができる。

恋文を送っても返事のない日々に、深草少将の心は焦れた。そんな少将のもとに、「逢いたければ百夜通え」という難題が小町より寄せられる。少将は仰せのまま、毎夜通った。それも人目につかないように車や輿を使わず、馬にも乗らず、一心に小町のことだけ想い裸足で歩いて通った。少将は、現在の深草欣浄寺のあたりに邸があったというから小町の住んでいた小野随心院まで、約五キロの道のりを歩いたのである。雪の日、雨の日ひたすら通い九十九日、あと一日で想いが遂げられるという時に、少将は力尽きて亡くなってしまう。

洛北市原に、小町の終焉の地と伝わる小町寺（補陀落寺）がある。謡曲『通小町』の舞台でもある。

吾れ死なば焼くな埋むな野にさらせやせたる犬の腹こやせ

小町が死に際に残した歌といわれるが、寂しい最期を伝えている。この寺には老醜をさらした小町像が安置されている。もとは、三途の川の畔で亡者の衣を剥ぎ取る鬼婆奪衣婆像で、それがいつの頃からか小町像となったのである。『通小町』では、死んでもなお、罪の重さから解き放たれず、成仏出来ずに苦しむ小町が描かれている。小町は比叡山の高僧に助けを求める。薄《すすき》の生い茂る侘びしい境内で、小町の髑髏がむせび泣く。髑髏の目から薄が生え、それが風になびいて痛い…と。そこで僧が小町の菩提を弔おうとすると、邪魔が入る。小町を想いながら死んでいった深草少将の亡霊である。少将は死んだ後も小町を許しはしなかった。恐ろしき妄念である。現在、薄が茫々と生える小町寺の境内には、小町と少将の供養塔が安置されている。

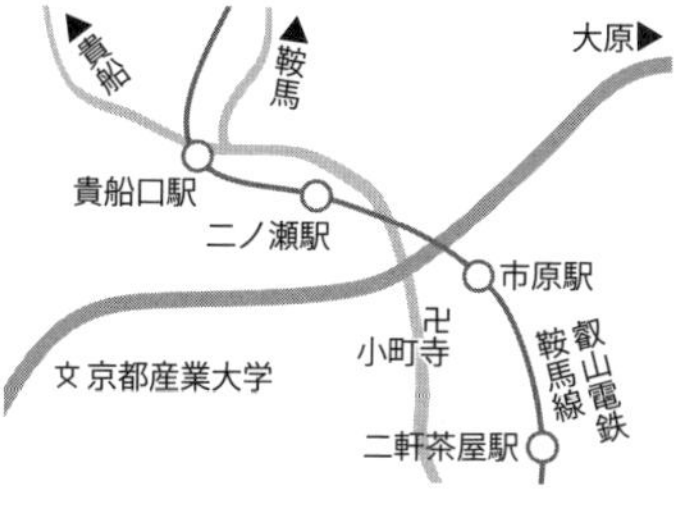

奪衣婆
死後、三途の川を渡るには渡し賃として六文銭が必要だが、持っていない場合、衣服を剥ぎ取られてしまう。

小町ゆかりの縁切り寺

叶わなかった小町への想いが、深草少将を恋の亡者へと変えた。河原町二条にある法雲寺には、その妄念が今も息づいているという。焚き染められた香が移り、木目の黒ずんだ堂内に小さな祠がある。そこに祀られている菊野大明神は、男女の縁を切ることで知られている。御神体は、百夜通いのときに深草少将が腰かけた石である。想いの通じ合った恋人たちがここを通ると、明神様は怒りだすという。

過剰に想いを寄せられた絶世の美女は、あらぬ恨みを買い、苦しまなければならない。燃え上がった数多の恋心を鎮めるために、小野随心院には、小町宛の恋文を張り合わせて作った文貼り地蔵菩薩像が安置されている。

小町に会いたい一念で、毎夜しのび通いした深草少将は、榧《かや》の実で日数を数えた。小町のもとに届いた一個足らずの榧の実は、邸のまわりに埋められた。ゆえに小野の里に榧木が多いのだという。

幽霊絵馬

寺町通にある革堂（行願寺）は、西国三十三箇所の第十九番札所で、いつ訪れても香の煙が絶えない寺である。

山号「霊麀山《れいゆうざん》」に麀《めじか》とあるように、開祖の行円上人は、身籠った鹿を狩ってしまったことをきっかけに仏門に入った人物である。母鹿を供養し、我が身を戒めるために、鹿の皮をいつも身にまとっていたことから「皮聖」と呼ばれ、行願寺もいつしか革堂という名で親しまれた。この寺に哀しい幽霊の絵馬が伝わる。

「丸竹夷二押御池……」という京のわらべ唄がある。これは幼くして奉公に出された子どもが、おつかいに行って道に迷わないように作られたものだという。この「丸竹…」の竹屋町のつきあたりに、革堂がある。周辺には商店が軒を連ね、地方から奉公に出てきた者も多く暮らしていた。絵馬の中の幽霊も、奉公先で子守をしていた少女である。

それは幕末のこと。子どもを遊ばせるために近くの革堂に来ていた少女お文は、本堂から聴こえてくる巡礼のご詠歌を、無意識のうちに覚えてしまい、なにげなく口ずさんでいた。すると奉公先の主人に見咎められ、ひどい折檻を受ける。宗

丸竹夷二押御池
奉公人に限らず、京都人ならたいてい知っている。というより、知らないと不便である。
まるたけえびすにおしおいけ、あねさんろっかくたこにしき、しあやぶったかまつまんごじょう。丸（太町）・竹（屋町）・夷（川）・二（条）・押（小路）・御池・姉（小路）・三（条）・六角・蛸（薬師）・錦（小路）・四（条）・綾（小路）・仏（光寺）・高（辻）・松（原）・万（寿寺）・五条。

旨の違った主人にとって、お文の歌は耳障りでしかなかった。しかし体罰がすぎて、お文は死んでしまう。慌てた主人は、死骸を納屋の下に埋め、奉公人の死を怪しまれないように、お文は失踪したと偽装する。

両親が田舎から出てきて、お文のよく通っていた革堂に籠もり、行方知れずの娘の身を案じた。すると娘の亡霊が現われ、自分の身に起こった真実を語った。そしてたいせつな手鏡をわたしてふっと姿を消した。奉公先の主人は裁かれ事件は解決をみる。両親は娘の供養のために、その手鏡をはめ込んだ絵馬を奉納した。その絵馬に、いつしかお文の姿が現われるようになったという。毎年、地蔵盆の頃にその幽霊絵馬は本堂で公開される。

お文の亡霊は、本人の執念というよりも、少女のきれいな心をいつも見守っていた革聖が下したことかもしれない。

革堂と洛西善峯寺のつながり

革聖の行円上人は人望の厚い僧であった。寛弘九年（一〇一二）には、藤原道

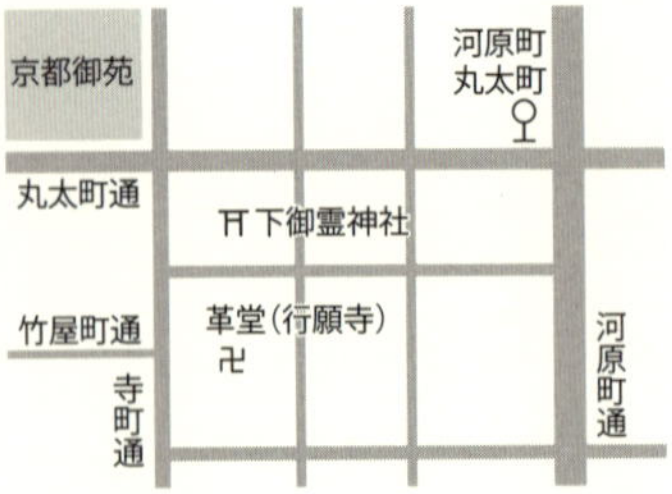

長の息子顕信が、行円のもとで出家している。権威者道長のことを思えば、恐ろしくて引き受けられないことであるが、行円は政治権力など歯牙にもかけない。純真に苦悩する顕信の心をたいせつにしたのである。

革堂の本尊である秘仏、十一面千手千眼観世音菩薩は、行円の手によって造られている。賀茂の神域で一夜にして槻の大樹に生長したという賀茂の霊木を刻んだものである。無限をあらわす千の目と、千の手でもって衆生を救う仏である。ちなみに、この同じ霊木で、善峯寺の十一面千手観音立像が造られている。

深泥池 —— 鬼の抜け穴に、浮遊する幽霊

氷河期、京都は水底にあった。その名残が深泥池である。北山通から鞍馬街道を上がった右手に広がる周囲一・八キロの池で、ミツガシワやホロムイソウなど珍しい水生植物が群生し、昭和二年に天然記念物に指定されている。昔、この池で行基が修法を行ない、弥勒菩薩が水面に現われたことから御菩薩池とも呼ばれていた。

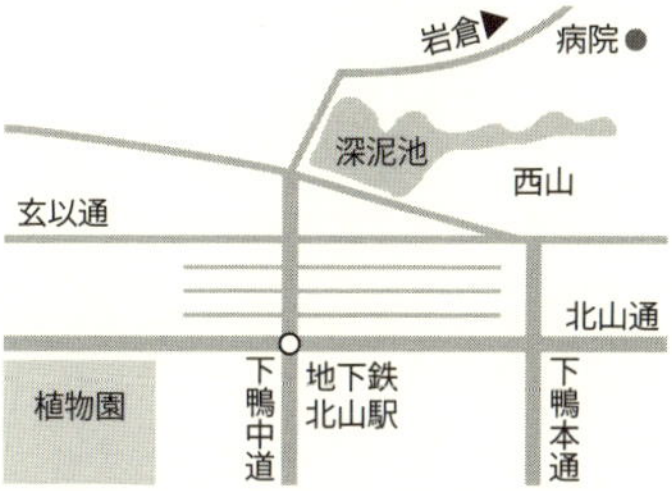

深泥とあるように、堆積物が厚く、一度嵌《は》まると抜け出せないとか、池に遺体がたくさん沈んでいるとかいわれる。そしてこの池のどこかに、鬼の抜け穴があるらしい。昼間でも池端は、丈高い植物に覆われていて妙な静けさをたもっている。それが夜ともなれば、池一帯に闇の帳が降り、当然人けもない。鬼が出入りしていても暗くて見えない。幽霊の目撃証言も多い。

現代の怪談ともいうべき、タクシーでの幽霊話は非常に多い。深夜、京大病院のあたりからひとりの女性を乗せたところ、「深泥池まで」と女は言った。走行中、無駄話をすることもなく池端まで来たところで、運転手がどこで止めるか聞こうとバックミラーを覗くと、後部座席に座っていたはずの女の姿は消えていたという。また別のタクシーでは、女性客を池端で降ろし、しばらく空車で走っていると、数キロ先の道端でまたその女が立っていたという。京の人は、「あそこはほんまに出る」と真顔でいう。池の水面に女が浮いているように立っていることもあるらしい。

一文橋――「橋を渡してくださいな」

向日市と長岡京市をつなぐ橋がある。

「渡るなら一文払え」という、その名も一文橋は、日本最初の有料橋といわれる。京都と阪神を結ぶ西国街道に架かり、旅人はこの橋を渡らずにどこへも行けなかった。なかには金を払わずに橋の番人の隙をついて強行突破する者もいたが、容赦なく斬り捨てられた。また金を払えずに川の中に入ったものの、急流に飲まれて死んだ者も数かぎりない。橋の下を流れる小畑川は、いまでこそ穏やかな流れであるが、昔は一晩雨が降りつづくと奔流となって橋ごと流した。頻繁な橋の架け替えに費用がかさみ、いつしか通行料が発生したという。

この橋のたもとに幽霊が出るといわれている。夜な夜な「橋を渡してくださいな」という女が現われる。時には斬られて血を流した男の姿だったりする。橋の周囲には青白い光を放つ人魂《ひとだま》が、ふわりと浮ぶ。

長岡京に都がおかれていた頃、橋の近くに国賓を迎える鴻臚館があった。桓武天皇が十年で都を遷す原因のひとつに、度重なる洪水の被害があったそうだが、その一端をうかがい知る橋である。

笠トンネル怪談──京都の境界線に位置する怪しいトンネル

京都の釣人のあいだでは「もっぱら出る」と噂のトンネルがある。

周山街道（国道一六二号線）にあるトンネルで、高雄を越え、川端康成の小説『古都』の舞台である中川の里を過ぎて、周山へ向かう途中にある笠トンネルのことである。以前は、このトンネルが京都市の境目であった（現在、京北町は京都市に合併されている）。

その名のとおり、笠のような形をした急峻な峠である。トンネルが開通するまでは、人は歩いて峠を越え、車も離合するには細すぎる山路を、恐る恐る徐行しながら越えていた。低い山とはいうものの、悪路ゆえに車が脱輪し、そのまま谷底へ落ちる事故が絶えなかった。それゆえか、トンネルが通ってから幽霊話が浮上するようになる。

周山、美山方面は由良川の美しい流れがあるので、鮎が解禁になると釣人が繰り出すところである。釣人はまだ夜も明けないうちに川で準備をするので、ちょうど笠トンネルを通りがかる頃は鬼のうごめく魔の時間帯となる。昼間でも薄暗いトンネルなのだが、深夜はいっそう不気味である。長いトンネルで、突入して

清滝川
高尾から周山街道に沿って流れる。

から出口が見えない箇所がある。そのとき、バックミラーに何かが映る。車道から一段高くなった狭い歩道に人が歩いていることがある。運転手からはすれ違いざまに一瞬チラッと見えるだけで、振り向いても歩道をゆく人影はない。トンネルの出入り口付近で、この世のものとは思えない人影を見かけることもあるという。トンネル内でふいにハンドルを取られ、スリップする車もしばしばある。原因は不明である。

その昔、この山にいたずら好きのキツネがいた。里人を騙しては楽しんでいた。困った里人が石を投げたところ、キツネの額に当たった。それでも懲りないキツネは編み笠をかぶって傷を隠し、人間に化けつづけた（一説にはそこから笠峠の地名がついたともいわれる）。

ある日、周山にある常照皇寺の住職が、京都で用事を済ませて帰る途中、化けたキツネに出くわし、懇々《こんこん》と教え諭したという。

まさかそのキツネの仕業ではあるまいが。それにしてはあまりに生々しいトンネルである。

陰陽を心得た立ち姿――足のない幽霊画

白い着物姿の美しい女性が、伏し目がちにたたずんでいる。顔にかかる黒髪は、一本一本細い毛筋で儚《はかな》げだ。彼女の腰から下は、徐々に消えて見えなくなる……。典型的な日本の幽霊像である。この足のない幽霊画を最初に描いたのは写生画の大家、円山応挙といわれる。

応挙は享保十八年(一七三三)、丹波国(京都府)穴太の農家に生まれた。幼い時から画の才能を発揮し、十五歳の頃画家になろうと京都へ出る。働きながら、狩野派の流れをくむ石田幽汀の門下に入って修業を積み、二十代後半の頃には狩野派の手法をすべてマスターしたという。

しかし、家名が大きくものをいう京都の画壇の中にあって、田舎から出てきた無名の画家が生きていくのは並大抵のことではなかった。応挙は食べていくために、ヨーロッパから入ってきた眼鏡絵(覗きからくり)制作に取り組む。そこで今まで知らなかった透視図法を学び、陰影法を習得し、ヨーロッパ絵画の写実手法を学んでいったのであった。

写生画の第一人者となった応挙は、実物を微細にスケッチし、画を仕上げた。

怪人画家のレントゲン画像

応挙はある時、山深い鞍馬に出向き猪の写生をした。すると、出来上がった画を観た老人が、この猪は病に罹っていると言い出した。不思議に思った応挙は再び鞍馬に出向き、くだんの猪を探した。すると本当に患っていて死んだという。いかに精密な描写力といえども、一見しただけではわからない病の影までも描き出していたということだった。

まるでX線のような観察眼と筆力であるが、その応挙が幽霊画に筆をふるった。モデルは病気がちで臥せていた妻であるという。後世、戯作の挿絵などでグロテスクになっていくおどろおどろしい亡霊ではなく、まさに幽《かす》かな、儚く美しい幽霊である。

有名なところでは、『怪談牡丹燈籠』や『真景累ヶ淵』の作者である落語家三遊亭円朝の幽霊画コレクションの中に応挙の幽霊画が見える。右手の指先が着物の胸もとに隠れ、左手はからだに沿わせ、足と同じく後方になるにしたがい消えていく構図である。

右手は描き、左手は描かない。

これにはひとつの法則があった。陰陽思想において、右は「陰」左は「陽」を意味する。誰もが知る幽霊のポーズに、胸もとで両手をたら～んとかかげ、力なく手の甲を向けている姿がある。誰もがジェスチャーで真似する典型的な日本の幽霊である。胸もとの手の位置は、右手が左手より少しばかり上にくる。手はかならず甲を向ける。右「陰」、手の甲「陰」の法則に従い、陰気を表現するのには、まったく理にかなったポーズなのだ。間違っても、手のひら「陽」を向けているご陽気な幽霊はいない。

応挙の幽霊が、日本の幽霊の象徴的な姿となったのは、その描写力はもとより、陰陽思想の法則を心得て、陰陰滅滅な風情を醸し出しているからである。さらにいうなら、掛軸の構図が、右寄りに比重がかかっているのも「陰」を深める効果になっている。

病身の妻をモデルにしたといわれるが、果たしてどうだろう。写実の怪人応挙は、京都のどこかで本物を見たのかもしれない……、そう思わせるほどの恐るべき筆力である。

物の怪たちの夜

平安のゴーストバスターズ

四天王のひとり渡辺綱と一条戻橋の鬼女

今から千年ほど前、堀川通に鬼が出没した。

ある夜更けに、渡辺綱という武士が堀川の一条戻橋を通りがかった時のこと、橋のたもとに美女が一人でたたずんでいた。どうしたのかと尋ねると、従者とはぐれてしまい暗い夜道で困っているという。綱は、その女性を家まで送ろうと馬の後ろに乗せ、五条あたりまで行った。するとその時、綱の背にいる美女は鬼となり、綱の髻《もとどり》をむんずと掴んで、体ごと空中に持ち上げ、愛宕山のほうへ天翔た。

腕に覚えのある綱は、腰に帯びた名刀髭切で一太刀し、鬼の片腕を切り落とした。凄まじい悲鳴を上げて鬼は飛び退《すさ》み、空中で振り落とされた綱は、鬼の片腕とともに北野天満宮の回廊の屋根に落下したのであった。

怖い鬼をものともしない渡辺綱は、源頼光に仕える四天王の一人である。

主君である頼光は、摂関家と結びつき頭角をあらわした源満仲（摂津多田を拠点としていることから多田満仲ともいう）の長男で、清和源氏の基礎をかためた

戻橋の欄干
現在は欄干、橋脚とも新しくなっているが、橋の位置は平安時代と全く同じ位置に存在している。伝説上の怪事件のみならず、歴史上の様々な事件の舞台となった。晒し首の場ともなっている。

人物だ。名うての強者を束ねる棟梁だけのことはあって、武芸だけでなく、学問にも長け、道理をわきまえた人格者であった。時の権威者である藤原道長に仕え、摂津、伊予、美濃の国司を勤め、その後、左馬権頭《さまのごんのかみ》になり正四位下に昇進する。自身も数多の武勇伝をもち、なかでも土蜘蛛退治は語り草になっている。

その頼光のもとへ、綱は鬼の片腕を持って行き、どうしたものか相談した。一条戻橋の東側に住んでいた頼光は、堀川をはさんだ向かい側に住む陰陽師・安倍晴明を招いて伺いを立てる。晴明は、綱に七日間物忌みするよう指示する。綱は言いつけに従い、鬼の腕を櫃に封じ、仁王経を唱え続けた。

物忌みを始めて六日目の夜のこと、綱のもとに故郷（摂津渡辺）から乳母が訪ねてきた。いまは会うことができないと断る綱に、どうしてつれなくするのかと、年老いた乳母は門前で泣き出してしまう。情に絆《ほだ》されて、心やさしい綱は結界を解いて乳母を家に入れてしまう。そこで四方山《よもやま》話をするうちに、乳母は鬼の腕が見たいと言い出し、しかたなく綱は櫃から腕を取り出す。すると、たちまち乳母は鬼に変化《へんげ》し、綱から腕を取り返すと屋根を蹴破って愛宕山のほうへ飛んでいったのであった。

綱と闘ったこの鬼の正体は、『平家物語』では茨城童子だといわれ、謡曲など

茨木童子
酒呑童子の第一の家来。渡辺綱を襲って腕を切られている。『御伽草子』では大江山の鬼退治の際、またも綱に切りつけられている。

鬼切丸
「鬼切丸」は毎月二十五日に北野天満宮の宝物殿で拝見することができる。なお、源頼光が土蜘蛛を退治したときに用いた「膝丸」は兄弟刀。

では羅生門の鬼として登場している。

また綱が鬼の腕を斬った名刀髭切は、この事件以降「鬼切丸」と呼ばれ、源氏の宝として伝えられた。後に、足利氏、豊臣秀吉、徳川家康、出羽最上家と持主が変わり、現在は北野天満宮に奉納されている。この社は綱が鬼にさらわれた時に落下したところであり、その折の感謝の念から綱が寄進したという石灯籠も境内におかれている。

一方、『太平記』にも同じ話がみえる。骨子は同じであるが、渡辺綱は大和国（奈良県）宇陀郡に鬼退治に行っている。宇陀郡は三重県との国境に位置する。このように羅城門、一条戻橋、愛宕山、宇陀郡、すべて都の境界線、あるいは国の境界線を舞台にしている。物語の舞台はどこでもいいわけではない。必ず意味がある。

熊と相撲をとる金太郎こと坂田公時

鬼と闘った渡辺綱をはじめ、頼光の四天王と呼ばれた男たちは、みな強者揃いである。そもそも四天王とは仏教語で、帝釈天に仕えて、仏の教えを守護するために四方に配された天王（北方・多聞天、東方・持国天、南方・増長天、西方・広目天）のことである。厳めしい顔つきで、甲冑を身にまとい、邪鬼を踏み敷いているその姿は勇ましいかぎり。それになぞらえて頼光のところには、綱のほかに坂田公時（金時とも）、卜部季武、碓井貞光という剛毅な面子が居並んでいた。

坂田公時は、足柄山（神奈川と静岡の県境）で熊と相撲をとっていたあの金太郎である。足柄山を通りがかった頼光が、老婆と暮らす金太郎に出会い、無邪気な子どもの姿でありながら大きな岩も軽々と持ち上げる怪力の金太郎に眼をとめ、公時と名づけて都に連れ帰ったのであった。

赤子を抱いた妖怪出現――歯牙にもかけない卜部季武

次に卜部季武は、もともと父の季国が頼光の重臣であった。季武自身、胆の据わった武士で、妖怪が出現するという噂が持ち上がった時、同僚にけしかけられ胆試しに駆り出されている。それは河原に出る赤子を抱いた女の妖怪で、川を通る人をつかまえては「この子を抱け」と迫るのであった。季武は顔色ひとつ変えず川を渡りきると、現れた妖怪から赤ん坊を受け取り、そのまま連れて帰ったのである。そして仲間のもとに戻ってから、赤子のお包みを解いてみると、子どもは木の葉に変わっていたという。

このような豪胆な逸話の持主であるが、父との間はうまくいっておらず、季武は足柄山で隠遁生活を余儀なくされていた。そんな卜部父子の仲をとりなしたのが渡辺綱で、その縁あって季武は頼光に仕えたのであった。

筋を通す武士の一念——碓井貞光

最後に碓井貞光であるが、軽井沢のすぐ近く碓氷峠（長野と群馬の県境）の出身で、諏訪明神のお告げによって頼光の家来となる。貞光も恐いくらい実直な武士で、頼光の家で宴会があった時のエピソードにその一端が窺える。

貞光は、頼光の弟（頼信）に「無礼な者がいるので討ち取ってまいれ」と命じられる。主君の弟といえども、どうして関係のない者の言いつけに従わなければいけないのかと、貞光は頼信の命令を無視する。その後、偶然にも頼信が敵視していた人物に出会い、貞光は相手から礼を言われる。その際、命拾いした相手が「もし命令にしたがったとしても、あなたの腕では私を討つことはできないでしょ」と驕《おご》ったことを言った。武士の沽券にかかわる一言である。貞光は躊躇うことなく、その男を討ち取ったのであった。

このように、武芸に秀で、豪胆で、筋を通す、武士の見本のような男たちが、頼光の四天王であった。

酒呑童子の鬼退治

事の発端は、池田中納言の一人娘が行方不明になって大騒ぎとなったことによる。早速、娘の行方を安倍晴明が占ったところ、丹波の大江山に棲む鬼、酒呑童子の仕業であることがわかった。そこで頼光に鬼退治の命が下ったのである。

酒呑童子のもとに乗り込むに際し、頼光は、家臣の中で超一級の武芸者である藤原保昌（妻は和泉式部）を連れて石清水八幡宮へ祈願しに行く。同じく、渡辺綱と坂田公時を住吉大社へ遣わし、卜部季武と碓井貞光を熊野権現へ向かわせた。

酒呑童子
酒呑童子伝説には様々あるが、『御伽草子』で語られる物語にはグロテスクな描写もあり、それだけにリアリティーがある。

そうして神頼みを済ませ支度をした頼光一行は、山伏姿に化けて大江山の千丈岳に踏み込んだ。すると道中に三人の翁（実は八幡、住吉、熊野の三神）が現れて、星冑と「神便鬼毒酒」という酒壷を授けてくれた。それは人間が飲めば妙薬となり、鬼が飲むと猛毒になるという霊酒であった。

頼光たちは酒呑童子の屋敷に着くと、一夜の宿を乞い、鬼の宴席に加わる。警戒心の強い鬼を油断させるために、頼光は率先して宴会を盛り上げる。鬼の酒が人間の生血であろうと、酒肴が人間の生肉であろうと、平気を装う頼光。酒呑童子を前にまったく動じない頼光に倣い、四天王も保昌も鬼の機嫌をとり、なんとか持参の酒を飲ませる。

気分よく酔っ払った酒呑童子は、自分が越後出身の山寺育ちで、そこの法師を刺し殺して、各地で狼藉を働き大江山へ逃れるまでの経緯を、酔っ払いの戯言よろしく語って聞かせたのであった。そしてついに鬼たちは眠りに落ちた。その時を待っていた頼光たちは、好機を逃さず酒呑童子の寝床を急襲した。霊酒が効いて、酒呑童子は飛行自在の力を無くしていた。頼光は鬼の首を刎ね、四天王たちは胴体を切り刻んだ。鬼の首は宙に舞い上がり、騙された無念さから、最後の力を振り絞って頼光に噛みつこうとした。しかし頼光は三神からもらった星冑に身を包んでいたので、難を逃れたのであった。

鬼の出身地といわれる新潟県の国上寺（西蒲原郡国上山）には『酒呑童子絵巻』が伝わっていて、それによると頼光と酒呑童子の闘いは、一条天皇が世を治めていた永祚二年（九九〇）正月二十五日の出来事であったという。

酒呑童子を斃《たお》した頼光たちは、囚われていた娘たちを救出し、鬼の首を提げて都へ帰って行った。ところが丹波と山城の境にある老ノ坂峠にさしかかった頃、鬼の首がずっしりと重くなり動かなくなったので、なすすべなくそこに埋めたのであった。そこには現在「首塚大明神」の社が祀られている。その社は、国道九号線の脇を通る老ノ坂旧道の途上にある。酒呑童子の首は、人けのない鬱蒼とした杉木立の中に埋まっている。

酒呑童子は越後出身と語るが、一説によると京に都が遷ったことによって、比叡山を追われた童子だともいわれる（比叡山の麓には鬼の子孫という八瀬童子が暮らしており、その流れを汲むという説もある）。

鬼の首は、峠に埋められたあともオイオイと声を上げて泣いたという。

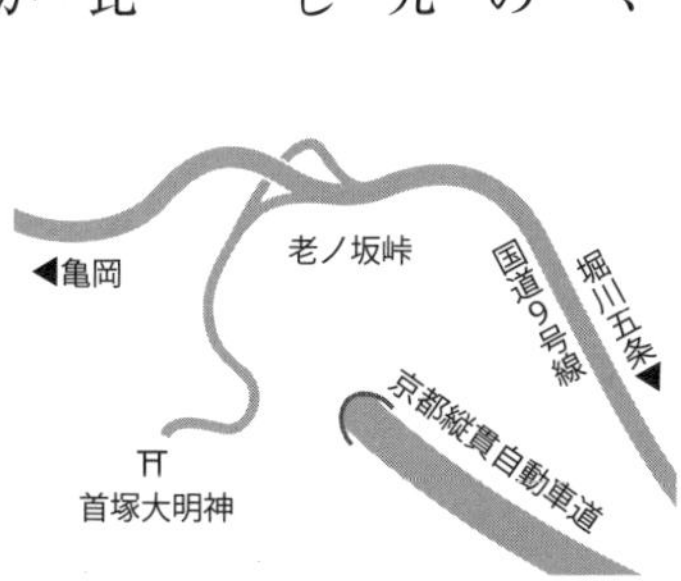

八瀬童子
室町時代より天皇の輿を担ぐなどして朝廷に出仕し、今もその伝統を伝えている。

土蜘蛛

一条戻橋の近くにあった源頼光の邸に土蜘蛛が出現した。

それは源頼光が原因不明の病に臥していた時のことである。僧の姿をした怪しげな者が現われ、まるで蜘蛛が糸を吐くがごとく、頼光を絡め取ろうと細い糸を投げかけ襲撃したのであった。病身であっても武勇の誉れ高き頼光のこと、名刀膝丸で化け物を斬りつけ、あえなく化け物は退散したのだった。翌朝、化け物が残した血痕をたどってゆくと、北野にある大きな塚に着いた。それを掘り返すと土蜘蛛が出てきて、頼光の家来がそれを退治したのだった。土蜘蛛は鉄串に刺され、河原に掲げられた。そして間もなく、頼光の病は癒えたという。

北野の蜘蛛塚は、北野天満宮の二の鳥居のそばの西側、東向観音寺の境内にある。真言宗泉涌寺派の寺で、謡曲などで『土蜘蛛』を上演する際に、関係者は公演の成功祈願に訪れる。蜘蛛塚には五輪石塔と火袋に笠をのせた石灯籠が安置されている。ちなみに、本尊の観音像は菅原道真自作の念持仏と伝わる。

もうひとつ蜘蛛塚が伝わっている。北の葬送地蓮台野の入口にあたる上品《じょうぼん》蓮台寺である。その墓所の北西角、椋の巨木の根元に「源頼光朝臣塚」と刻まれた石

源頼光朝臣塚

碑が建っている。頼光の墓とも伝わるが、一説にはこれが蜘蛛塚だといわれる。

人を襲う恐ろしい土蜘蛛とは一体何なのか。

土蜘蛛の正体を、大和朝廷に従わなかった土豪、土蜘蛛一族とみる説がある。大和（奈良県）葛城山にも土蜘蛛伝説が残っている。神武天皇が退治し、再び襲撃せぬように頭、胴体、手足をバラバラにして地中に埋めたのであった。その蜘蛛塚が葛城の一言主神社にあるという。源頼光を襲った土蜘蛛は、この神武天皇に討たれた怨霊だともいわれる。

むかし上品蓮台寺は天皇や皇族の葬送をとりおこなう香華院であった。朝廷に叛いた土蜘蛛が、天皇家の香華院を棲家にしていたというのが、なんとも大胆不敵である。

夜ごと黒雲が湧き起こり、そのなかに目に見えぬ妖しいモノ

夜ごと丑の刻（午前二時ごろ）になると、東三条の森の方向から妖しげな黒雲が湧き起こった。その雲は御所の上を覆いつくし、天皇を怯え苦しめた。

この正体のわからないものを退治しろと仰せを受けたのは、弓の名手源頼政である。謀反を起こした人間相手ならまだしも、実体のわからないものを退治しろという仰せに、頼政は戸惑う。腹心の家臣である井早太に矢を背負わせ、頼政自身は山鳥の尾をはいた鋒矢《ほうし》二筋と、黒漆塗りに籐を巻きつけた滋籐の弓を持って、御所の南殿に控えて、妖怪の出現を待った。果たして、丑の刻に黒雲は現われた。頼政が見上げると、雲の中に妖しい姿があった。弓を取って矢をつがえ、南無八幡大菩薩と心の中で唱えて矢を放った。頼政の射た矢は見事に当たり、妖怪が落ちたところを、すばやく井早太が押さえ刀で九度刺した。その姿は、頭は猿で胴体は狸、尾は蛇で手足は虎のような形であった。そして怖ろしい鳴き声は、鵺《ぬえ》に似ていた。これは『平家物語』に描かれた頼政の鵺退治であるが、鵺とは正体のわからないモノである。あえてその正体を探るなら、鶫《つぐみ》科の中で最も大きいトラツグミのことともいわれる。この鳥は、夜に「ふぃーふぃー」と気味悪く鳴く。

さて、頼政が鵺を射た後に、血の付いた鏃《やじり》を洗った鵺池が、二条城の北側にあった。現在二条児童公園になっている所で、公園脇に鵺大明神を祀る祠がある。また、鵺退治の前に頼政が祈願したのが、綾小路高倉を西に入ったところに鎮座する神明神社だ。無事に妖怪を退治したお礼にと、頼政が鏃を奉納したと伝わる。弓の

鵺大明神

ほうは、宇治平等院の塔頭浄土院に奉られている。平等院は頼政の自刃の地であり、墓所でもある。

鵺退治から二十年余り後、七十を過ぎた頼政が天下無敵の平家打倒を心に誓い、謀反を起こす。後白河法皇の皇子である以仁王をはじめ、平家によって人生を狂わされた人びとを集め、各地に身を潜めている源氏一門を目覚めさせた。そして宇治川の合戦で最期を迎える。

源平合戦の最中とあって、頼政の首は敵の手に渡らぬように宇治川に流された。ところがどういうわけか亀岡に頼政の首塚があり、厳かに祀られている。そこは鵺退治の褒美に頼政が賜わった土地だという。頼政の死後、敵の目を欺きながら家来がこっそりと首を運び、亀岡に埋めたのだと伝わる。

ところで妖しい黒雲は、東三条の方から起こったのであるが、その場所は、釜座通押小路あたりに建っていた東三条院とも、東山三条の方にあった森ともいわれる。東三条の森とは、その昔、六勝寺のひとつ円勝寺のあったあたりで、鵺が棲む森とも、鵺を葬った地とも伝わる。近年まで岡崎公園にその鵺塚が残っていた。グラウンドの整備にともなって、発掘された遺物は、東山の月輪南陵に移され、再び地中に埋められた。

六勝寺
平安時代後期から現在の平安神宮周辺に建立された寺院の総称。法勝寺をはじめ、円勝寺、尊勝寺、最勝寺、成勝寺、延勝寺の六箇寺。

人には見えないものが見える陰陽師が操る鬼神

安倍晴明の式神は一条戻橋の下を棲家とした

平安時代の陰陽師安倍晴明は、一条通のはずれ、内裏の鬼門にあたるところに邸宅を構えていた。この邸、不思議なことに、人の姿が見えないのに蔀《しとみ》が上がったり下がったり、門戸が勝手に閉じたりした。これぞ式神の仕業である。晴明は、家に誰もいないとき、式神を操って手先としていたらしい。式神とは、陰陽師の指図で動く鬼神のことである。晴明の妻は式神を恐れていたので、式神は晴明邸の東に架かる戻橋の下を住まいとし、お呼びがかかるたびに晴明のもとに馳せ参じたという。

この戻橋も謎めいた橋で、言霊を大切にする京都の人は婚礼の時に渡らない。「渡れば必ず戻る」橋であることを証明する例として、文章博士三善清行の葬送の時には、臨終に間に合わなかった息子の浄蔵がこの橋で父の遺体と対面し、加持を行ったところ、清行は息を吹き返したのであった。

物の怪を恫喝した文書博士

北白川通から琵琶湖へと抜ける山中越えの街道そばに、自然石が置かれていた。「参議三善清行卿墳」と刻まれていて、平安時代前期の文人官吏三善清行の墓と伝わる。清行は、この白川の地に山荘を構えており、墓石はその山荘跡を標すようであった。昔は石洞窟があって、そこに「見目美地蔵」という等身大の地蔵尊が祀られていた。地元の人びとは「三善さん」といって花を手向けていた。「みめよし」は「みよし」から名づいたともいわれる（この三善さんは現在、北白川丸山の勝軍地蔵の傍に安置されている）。

北白川で愛されている清行は、「花いらんかぇ〜」と花籠を頭にのせて、京の町で花を売る白川女を誕生させた功績もある。自宅周辺に咲く花があまりに美しいので、里の娘を集め御所に献上させたのが起こりである。紺木綿の着物に紺絣の前だれ姿で、時代祭の最後尾を白川女が飾るのも頷ける、千年からの歴史をもつ。

清行は、醍醐天皇に『意見十二箇条』を呈上したことで知られるが、世にも不思議な逸話をもつ学者でもある。邸は、五条堀川（醒ヶ井）に構えていたが、そこは物の怪があらわれる不気味なところであった。しかし清行は動じることなく

白川女
同じく頭に商品を載せ同じようなスタイルで売り歩く大原女（炭や薪）、桂女（鮎や飴）などがあったが今では廃れている。ただ、振り売りといって農家の女性が自家野菜をリヤカーや軽トラに積んで売り歩く姿は今も見ることができる。

恫喝し、物の怪の正体が狐であることをつきとめたのであった。

そして清行の息子浄蔵もまた、将門の怨霊を調伏させる凄腕の僧であった。しかし、文人官吏の息子がなぜ仏門の道に入ったのか。幼い頃から物事に聡かった浄蔵は、山林に籠もって修行をしたり寺社に出かけたりしては、父親に連れ戻されていたらしい。それが七歳の時、霊験でもって護法童子を使い、庭に咲いた梅の枝を自分のところへ持ってこさせた。そんな秘術を披露して清行を仰天させた。それで清行も息子の非凡な才能を認め、出家を許可した。十二歳で比叡山に上った。ちなみに、浄蔵があやつる護法童子とは、陰陽師の式神にあたるモノである。仏像で見ると、不動明王の脇侍として控えている童子姿の彫像がそれで、普通の人には見えないという。

天慶三年（九四〇）のこと、浄蔵は延暦寺の首楞厳院で、国家的反逆者の平将門を調伏させようと修法を行なっている。浄蔵が大威徳法を行う間、弓箭を帯した将門が、燈明のところに現われて、鏑《かぶら》の音が壇中に鳴り渡った。浄蔵は比叡山にいながら、将門の降伏をさとるのであった。この浄蔵がいた比叡の四明ヶ岳《しめいがたけ》には、将門岩と呼ばれる巌がある。平将門と藤原純友が、平安京を見渡しながら、謀反の密談を交わしたところだといわれる（両者は東国と瀬戸内海で大乱を起こしている）。

ところで、胆魂の据わった豪快さでも父に引けをとらない。浄蔵が八坂の塔のある法観寺に暮らしていた時のことである。夜中に盗賊が押し入り、それに気づいた浄蔵は秘術を使い、賊を金縛り状態にし、無事朝を迎えたという。

その八坂の塔が傾いた時のこと、人びとが不吉がるのを尻目に、浄蔵は祈祷をはじめた。そしてその晩、風が吹いて塔が揺れ、翌朝見ると塔はまっすぐに建っていたという。戻橋で父を蘇らせたように、呪術にすぐれた浄蔵は、菅原道真の怨敵、藤原時平の病気平癒の祈祷をしたこともある。浄蔵が加持祈祷をしていると、息絶え絶えの時平の両耳から青龍が出てきた。錯乱した時平は、浄蔵が怨霊を調伏するどころか自分に呪術をかけていると逆恨みする。案じた三善清行がその旨を伝え、浄蔵が退席した途端、時平は死んだのだった。

晴明の蘇生

蘇生といえば、晴明にも蘇りの逸話が残る。晴明が亡くなったとき、晴明の念持仏であった不動明王が閻魔大王にかけ合い、死んだはずの晴明を生き返らせたのである。その際、閻魔大王から授かった「極楽之宝印」の護符と晴明がたいせつに持っていた不動明王像は、現在真如堂に伝わっている。

八百萬神が天下ったといわれる神楽岡に真如堂は建つ。

末法思想が広まる平安後期の世相を背景に、極楽往生を願う東三条院詮子によって永観二年（九八四）に創建された。本尊の阿弥陀如来は、「うなずきの弥陀」と呼ばれる。慈覚大師円仁が、榧《かや》の木でこの如来を彫った時のこと、「比叡山の修行者の本尊になりたまえ」と眉間に白毫を入れようとしたら、仏像が首を横に振った。「では京に下って一切の衆生を導きたまえ。中でも女人を救いたまえ」と円仁が言うと、仏像は三度うなずいたという。延暦寺の常行堂にあったものを、戒算上人が真如堂に移し安置したのだった。詮子は藤原道長の姉であるが、その縁からか、晴明が閻魔王からもらった護符と念持仏が伝わっている。

式神が、晴明の身のまわりの世話をするために通った一条戻橋の邸は神社となり、それが現在の晴明神社である。境内には晴明の念力でもって湧き出た清水があり、悪病難病が平癒するという。神社には、見えないはずの式神の姿を描いた御軸も奉納されている。

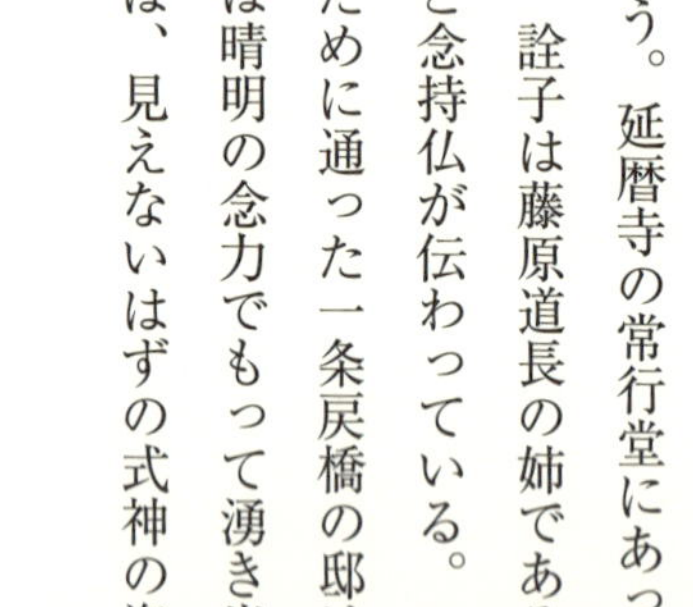

真如堂
正式には真正極楽寺。紅葉の名所でもある。

藤原忠平

京都の町家や旅館の北東に当たる所は石で囲い、白川砂を置いて清めたりしている。また鳥居や祠が祀られていたり、隅が切られていたりする。これは、北東の隅から鬼が侵入してくるのでそれを防いでいるものなのである。他にも南天（難を転ずるから）や梨の木（鬼が無し）を植えたり、猿の置物（鬼が去る）を置いたりする。

王朝時代、この北東の隅から出てきた鬼を一喝した剛胆な人物がいる。藤原忠平である。

『大鏡』に次のような話が残っている。

忠平が宣旨を受けて、それを執行するために、陣の座の方へ行く途中、南殿（紫宸殿）の御帳台の後ろのあたりを通ると、なにかわからないがなにかがいるような気配がした。するとそのなにかが、忠平の太刀で、鞘の先を包んだ金具がついているが、それをひっぱるので、おかしいなと思って探ってみた。なんと毛むくじゃらで、爪は長くて刃のような手がみえたので、おそろしかったものの、ひるまず、一喝して鬼らしきものの手を捕まえた。鬼はうろたえ、その手を離して鬼門である北東の隅へすーと逃げていったというものである。

忠平は、菅原道真を左遷に追いやった兄の時平と違って人望があった。若くして亡くなった兄の死後、延長八年（九三〇）に摂政、天慶四年（九四一）には関白になっている。

子の藤原師輔も兄実頼よりも人望があり、普通の人が見えない百鬼夜行が見えた人物であり、関白にまでなっている。

曾孫の道長も魔物や物の怪とのエピソードの多い人であるが、やはり兄道隆、道兼よりも人望があった。そのため本来三男で太政大臣や摂政に就けない位置にいながらも、その地位を得ただけでなく、それ以上の栄華を極めた。

鬼や物の怪に出会っても、その対応を誤らない人物は、人望も運も手に入るようである。

物の怪の調伏

恐ろしい物の怪にとり憑かれたら、どうしたらよいのであろうか。基本的に物の怪を殺すことは出来ない。物の怪を追い払うか、鎮めるか、あるいは物の怪に納得してもらうかだけである。

平安時代中期に書かれた『栄花物語』巻十二「たまのむらぎく」に物の怪に対応した詳しい記述がある。

宇治の平等院を建立した藤原頼通がまだ若い時の話であるが、彼が病気になった。だがその原因をいきなり物の怪の仕業とは判断していない。彼は幼い時から「風」の病があったということで、最初はやはり薬草などを飲み、養生をしている。もちろん併せて病気平癒の読経も欠かさない。それでも平癒しないなら、陰陽師に占わせている。神の怒りや悪霊の仕業ならば御祭やお祓いをし、物の怪の所業ならば御修法をするのであるが、ここでは、先に御祭やお祓いをしている。それでも快方にむかわないので、「しょうがない」といって父親である道長が、僧侶を呼んで物の怪対策である五壇の御修法を始める。

「しょうがない」という道長の心境は、どのようなものであったろう。おそらく、悪霊や呪詛などが原因ならば、頼通自身に失点は少なく、政敵が陥れようとしている点で被害者となる。それに対して、物の怪が原因ということになれば、頼通が恨まれるようなつれないことをしているということになり、加害者的要素が出てくる。父親として自分の息子はいったいどんな女性と関係を持っているのか不

貴船神社

安になるというものであろう。

自分が罠にはめて蹴落としたライバルや、弄んだ女性などが、物の怪となって自分自身やその縁者にとり憑くという考え方が当時は普通にあった。

御修法とは、護摩壇を設けて加持祈祷を行うことである。護摩とは、本尊の前で護摩木を燃やして、その火の力によって悪霊などを退散させる法のことである。この物語の場合は、五つ壇を設けたので、おそらく中央の壇に不動明王、南に軍《ぐん》茶利《だり》明王、北に金剛夜叉明王、東に降三世《ごうざんぜ》明王、西に大威徳明王をそれぞれ祀ったと考えられる。明王は恐ろしい形相のうえさまざまな武器を持っていて、いかにも悪いやつを追い出してくれそうである。

この呪法を何日もくりかえすと、さまざまな物の怪が姿を現し、わいわいがやがやと勝手にさまざまのことを言う。その中にはいつも道長にとり憑いている物の怪も登場する。当時物の怪は集団で登場するケースが多かった。しかしこの中に頼通を苦しめている真犯人はいない。

そこでさらに加持祈祷を続けると、今度は、貴船明神が現れる。道長は「頼通は女の人に対して薄情な人間ではないが」と不思議がったが、これにはちゃんと理由があった。実は、頼通には隆姫という最愛の妻がありながら、三条天皇の娘との縁談にも色気を示していた。この縁談の噂を聞いた隆姫の乳母たちが、なんと姫に同情して貴船明神に報告に行っていたからである。

さらに加持祈祷を続けると、今度こそ本星の物の怪が現れる。それは具平《ともひら》親王の物の怪であった。具平親王の最愛の娘は頼通の妻隆姫である。自分の娘可愛さに、恥を忍んで頼通にとり憑いてしまったのである。

具平親王は村上天皇の第七皇子で、学問ができた。和歌、書道にも才能を発揮し、仏教を信仰する心も強かった。いわば王朝時代においての理想的人物である。そういった人物であるので道長も具平親王を尊敬し、自分の息子を親王の娘と結婚させた。それにも関わらず、道長は我が息子可愛さから時の天皇である三条天皇の娘との縁談に興味を示し、具平親王の心を傷つけてしまう。具平親王のプライドはズタズタにされたのである。

『栄花物語』は道長と具平親王のやりとりを生き生きと伝えているが、結局道長は、隆姫のことを配慮すると具平親王の物の怪と約束し、物の怪を納得させる。しばらくして頼通の病は平癒する。そして三条天皇の娘と頼通の結婚は破談になった。

物の怪は会話をしているが、どうやってしゃべっているのであろうか。実は祈祷している僧侶や近くにいる女房の肉体を借りてものを言うのである。つまり、恐山のイタコと呼ばれる巫女と同じ理屈になる。口寄せの巫女であるイタコは自分に霊をかりうつすが、祈祷している僧侶は、他人にかりうつすところが違っている。

こういった不思議な現象が、京都御所や寝殿造りの貴族の邸宅で日常のこととして行われていたというのも、なんともぞっとする話である。

それにしても「貴船明神」と聞いただけで、道長は男女の色恋沙汰が原因だと察知する。それほど恋愛に関することは貴船だと、当時、認識されていたようだ。

道長と懇意にしていた和泉式部も、夫である藤原保昌に疎まれたとき、貴船に詣でて夫の気持ちが再び自分に戻ってくるよう祈願している。

今でも奥宮へつづく参道の途中に、夫婦の中を守る神を祀る結社《ゆいのやしろ》がある。

もの思へば澤のほたるもわが身よりあくがれいづる魂かとぞ見る

和泉式部が貴船神社の御手洗川に飛ぶ蛍を見て、その心情を託して詠んだ歌である。貴船の神力によってその後、和泉式部は夫と復縁したと伝わっている。

和泉式部
情熱的な恋多き女性で王朝時代の歌人。藤原保昌とは再婚で、保昌との仲は道長がとりもったとも伝わる。

和泉式部歌碑

あの世へと続く道

地獄の沙汰

お逮夜をたいせつにする京都人

「逮」とは、明日に逮《およ》ぶという意味である。本来は、火葬におよぶ前夜のことを逮夜といっていた。それが人びとの間に浸透して、年忌や月忌《がっき》の忌日《きにち》の前夜をも指すようになった。

さらに古くから京都に暮らす人は、人の死後、七日ごとに行う追善供養の前日もお逮夜といって大事にしている。それを七回も繰り返していると、仏事に追われてほんとうに忙しい。しかし京都人は蔑《ないがし》ろにしない。なにしろ、七七日《なななぬか》の後、死者は他の生を受けると考えられているからである。これはインドより伝わる思想であるが、平安時代にはすでにこの七七日の追善供養が盛んに行われていた。

「薬師の法は行はずとも、四十九日の中に生き返りなまほしう」と『狭衣物語』にあるとおり、四十九日のあいだに生き返ってしまいたいと、強い願いがあらわれている。つまり、千年ものあいだ連綿と受け継がれたこの七七日は、京の人のいとなみに、しっかり根づいてのことなのだ。

さて、四十九日に生まれ変わる前に、閻魔の庁で沙汰が下る。それが三十五日目である。死者は閻魔さまの前に連れて行かれ、生前の行いを逐一検分される。その光景が、大山崎の宝積寺の閻魔堂で生々しく繰りひろげられている。

大山崎に再現された閻魔の庁

千本閻魔堂をはじめ、閻魔大王を本尊とする寺院は数々あるが、閻魔の庁がリアルに再現されているのは珍しい。

中央に座す閻魔大王は、坐像でありながら一六〇センチもあり、日本でも屈指の大像である。さらに貴重なのは、そのまわりに眷属《けんぞく》四体が安置されていることである。閻魔の庁の役人である司録と司命は、唐時代の役人の道服を着ている。その表情は、閻魔大王と同様に、恐いほど冷静である。

倶生神《くしょうじん》という眷属は、人が生まれた時点から、その人の肩にいて、その人の生き様をつぶさに観察してきたという。眷属たちが高らかに死者の記録を読み上げ、それを聞いて閻魔さまが極楽、地獄の沙汰を下すのである。

京の人びとは、三十五日にこの閻魔大王のもとを訪れ、供養している死者が、「どうぞよい転生を得られるように…」と願う。憤怒の形相をしている閻魔大王であるが、衆生の煩悩を取り除き、苦しみから救ってくれる慈悲深い王だといわれる。

坤の方角に閻魔大王と鬼やらい

ところで、この閻魔大王と眷属たちは、もとは天王山の西麓、西観音寺にあった仏像である。明治の廃仏棄釈で宝積寺に来られたのであった（西観音寺の跡は、サントリー大山崎工場の敷地内にみえる）。

都の南西に閻魔大王がおられるのも、偶然ではないようだ。麓に寺の多い天王山は、本能寺の変で織田信長亡き後、明智光秀と豊臣秀吉が戦った地である。この山崎合戦は、秀吉が勝利をおさめた。秀吉はそれを祝して、本陣にしていた宝積寺境内に、朱塗りの三重塔を建立した。一夜にして建ったという伝説から「豊公一夜の塔」と呼ばれている。

宝積寺は、「打出と小槌」の大黒天信仰で有名だが、ここで特筆すべきは、毎

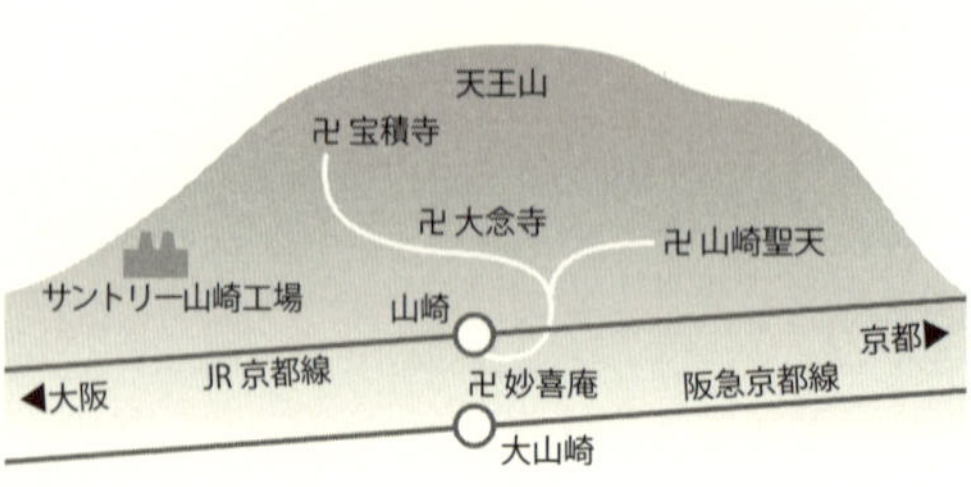

年四月十八日に行われる追儺式である。本殿に煙をたちこめさせ、悪い鬼を燻《いぶ》り出し、それによって災厄を払うという珍しい法要である。

ふと見ると、寺の下方にJRの線路が敷かれている。

昭和十二年（一九三七）に京都―吹田間が開通したのだが、そこはやはり裏鬼門である。古来、度重なる戦火に遭い、地獄絵を見てきたゆえに、大山崎の鬼やらいは鉄壁である。

閻魔大王に仕えた小野篁

平安時代にあの世とこの世を自在に往来できた人物がいる。遣隋使で有名な小野妹子の子孫にあたる小野篁である。平安初期の公卿であり、すぐれた詩人でもあった。『群書類従』の小野氏系図によると、篁は「閻魔第三冥官云々」と記されている。

篁と聞いてまず浮かぶのが、閻魔である。京都には迫力のある閻魔像が残っているが、特に六道珍皇寺の閻魔大王の木像と、千本閻魔堂の名で知られる引接寺にある巨大な閻魔大王像が有名である。この二体は京都を舞台としたサスペンスドラマの背景としてよく使われている。どちらも篁の手によるものといわれている。閻魔像の魅力は憤怒の表情にあるが、この二体はリアルでいまにも罪状を読みあげそうである。

閻魔は冥界の主、地獄の王とも呼ばれているが、本来は、生前の行いによって次の世を決定する最高裁判官である。今でこそ葬式仏教が浸透し、メモリアルホールでお経をあげたら全員成仏するという考え方になっているが、時代によって仏教も変化している。

篁の生きていた王朝時代の信仰は、非常に素直な善根数量主義であった。よい行いをすればするほど極楽に近づき、悪いこと（罪）をすればするほど地獄に近づいた。つまり「善根－罪＝得点」で来世が決定すると考えられていた。しかし、いったい何点とれば極楽に行くことができるのか、あるいは何点マイナスならば地獄なのか、はたまた餓鬼なのかは、まったく提示されていなかった。そうなると決定権を持つ閻魔様の存在がいかに重要であったか想像できる。

その閻魔に仕えただけでなく、信頼も厚かったという小野篁だけに超人的な説話を多く残している。

延暦二十一年（八〇二）生まれの小野篁は、学問に秀でた公卿で、高潔な官人であった。父の小野岑守は勅撰漢詩集『凌雲集』の選者で、有名な文人であったが、幼い頃の篁は乗馬に夢中になり、まったく学問をせず、父親に似ていないと嵯峨天皇を嘆かせたほどだった。そこで一念発起した篁は、学問で頭角を現し、最終的には参議にまでのぼりつめる。

『宇治拾遺物語』では、篁の機知に富んだ人間像を伝える。

嵯峨天皇に「何でも書いてあるものは読めるのか」と問われ、「読める」と豪語したため、「子子子子子子子子子子子子」を読めと難題を出される。読めなければ無論処罰が下る。普通なら怖気づくところであるが、篁は「ねこのこのここしし のこのこじし（猫の仔の仔猫、獅子の仔の仔獅子）」と読んだ。「子」は「し」「こ」「ね」と三通りの読み方が出来るので、とっさにそれをうまく組み合わせたのである。

また、『今昔物語集』では、篁がどれほど閻魔に信頼されていたかを伝えている。右大臣藤原良相が病に罹り亡くなった時のことである。閻魔の使者に捕らえられ、閻魔の庁に連れて行かれる。そこには、閻魔王に並んで篁の姿があった。「この日本の大臣は心麗しい善人です。私に免じて赦してください」という篁の言葉を聞き、閻魔王は「きわめて難しいことだが、篁の申請により赦そう。速やかにかえるべし」と、良相を蘇生させた。

篁が、昼間は朝廷に勤め、夜になると冥界の閻魔の庁に出かけて閻魔大王に仕えたというその冥界への入口は、六道珍皇寺にあった。珍皇寺は、平安時代の葬送地鳥辺野の入口にあり、あの世とこの世との境界に位置する。その境内にある井戸の中へ、高野槙《まき》の枝を伝って降り、篁は夜ごとあの世へ通勤したらしい。

閻魔堂には、実物大といわれる六尺二寸（約一八〇センチ）の篁像が安置されている。当時としては抜きんでて大柄な篁は、事の真偽を見抜くような鋭敏なまなざしをこちらに向ける。閻魔大王と並んでいる様子は、厳粛なる閻魔の庁を垣間見る感がある。

ミステリアスな説話を多く残す篁は、仁寿二年（八五二）十二月二十二日、五十一歳で亡くなっている。墓所は堀川北大路を下った西側、紫式部の墓の隣である。

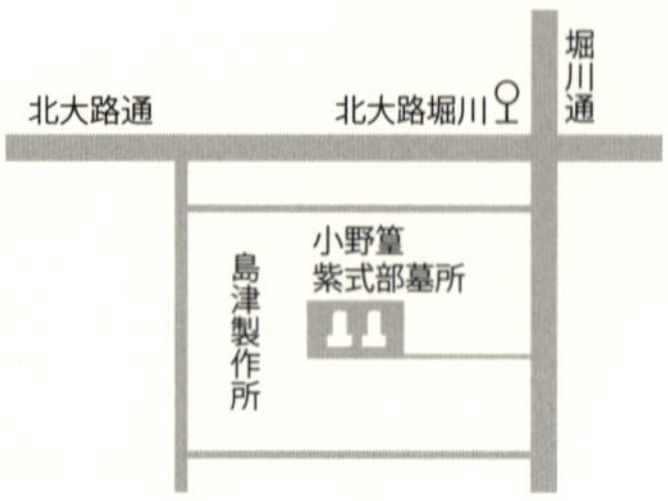

冥界への出入り口

小野篁は六道珍皇寺の井戸からあの世へゆき、この世へ帰ってくるときは嵯峨野六道町にあった福生寺の井戸から出てきた。それゆえに、鳥辺野の麓のほうを「死の六道」、嵯峨野のほうを「生の六道」と呼んでいた。

あだし野の露消ゆる時なく、鳥辺山の烟《けぶり》立ちさらでのみ住み果つる習ひならば、いかにものあはれもなからん。世はさだめなきこそ、いみじけれ

『徒然草』第七段

兼好法師が綴るように化野、鳥辺野は、京の二大葬送地である。

現在、鳥辺野といえば清水寺の南西、大谷本廟の背後を指すが、平安時代初期の鳥辺野は、阿弥陀ヶ峰の南麓だったようだ。山腹に阿弥陀堂があったことから阿弥陀ヶ峰と呼ばれるその山は、標高一九六メートル、葬送地として行基が開いたとも伝わる。その麓に、あの世への入口、六道の辻がある。

そのむかしは、道端に死体が捨てられ溢れかえっていたという。目を覆うばかりの光景に心を痛めた空海が、辻堂を建てて自作の地蔵尊を祀り死者の菩提を

六道珍皇寺・冥界へ通じる井戸
通常は拝観できない。

弔った。それが現在、六道の辻の西側にある西福寺に通じている。

死者は、六道（地獄・餓鬼・畜生・修羅・人間・天）の何処に向かうのか。この世に残る者たちは、死者のゆくえを案じて、この六道の辻で地蔵菩薩に祈願する。亡くなったのが幼子ならば、六道の辻にいる婆さまが道に迷わないよう案内役をかってくれる。鳥辺野へ向かう坂の途中にある珍皇寺は、死者に引導を渡すところであり、小野篁が施主となって堂塔伽藍を整備し、死者をおくる手助けをした。そして自身も、本堂横の井戸からあの世へ赴いたのであった。

霊の彷徨う愛宕山

対する西の葬送地化野《あだしの》は、愛宕山麓に広がっている。ここは死者の霊が宿る異界といわれている。

『宇治拾遺物語』に「清徳聖奇特の事《せいとくひじりきどく》」という話がある。母を亡くした清徳聖が、母の遺体を愛宕山に運び、四方に大石を設え、その上に棺を置き、三年もの間、不眠不休で千手陀羅尼を唱え続けた。聖の思いが通じ、母が成仏したお告げを受

西福寺
地蔵尊の前には子供が好きだった菓子や飲み物が供えてある。幼くしてなくなった御霊を想う親の心が伝わってくる哀しい光景である。

けたので、聖は母の骨を埋め卒塔婆を建てて都へ戻った。しかし長期間愛宕山中に籠もっていたので、聖には多くの死霊が取り憑いていたというのである。死者が向う西方の山として、洛中の人々から畏れられているのが愛宕山である。

その麓にある化野も、死体が野晒しになったままの風葬状態であった。そこで空海が如来寺を建て、遺棄された者の菩提を弔った。後世、法然が念仏道場にあらため、現在の化野念仏寺に通じている。

奥嵯峨の葬送地は、見渡すかぎりの竹藪に覆われていた。小野篁が通っていた福生寺はもう廃寺となっているが、大覚寺門前の六道町にあった福生寺の跡から七基の井戸が発掘されたという。そして福生寺に祀られていた地蔵菩薩坐像と小野篁像は、清涼寺本堂の西側にある薬師寺に安置されている。

六道まいり――精霊を導く「迎え鐘」と「送り鐘」

毎年八月七日から十日頃にかけて行われる六道まいりでは、六道珍皇寺の閻魔堂の北側にある鐘楼で「迎え鐘」が撞かれる。一打ちすれば十万億土に響き渡ると

化野念仏寺
毎年八月二十三・二十四日には無数の無縁仏の菩提を弔う千灯供養が行われる。数千の石仏に蝋燭の炎がゆれる幻想的な光景である。

嵯峨野の竹林
日中でも薄暗く、寂しい風情が漂う。

いうその鐘の音を頼りに、お盆の時精霊がこの世へ帰って来るといわれる。鐘は楼内にあり、その姿は見えない。堂穴からのびる縄を引っ張り、鐘を鳴らすのであるが、一説には、鐘の下にあの世へ通じる穴が開いているからだとも噂されている。

境内の南側には、多数の地蔵菩薩が安置されている。石仏の多くは室町時代のものといわれている。幼な子が迷わず冥土へ行けるようにと、掌を合わす人の祈りは深い。この日、門前では高野槇が売られ、香華の清々しい匂いに境内は包まれる。小野篁が、井戸の脇に植わっている高野槇の枝をつたい、冥土へ下って行ったといわれることから、亡き人の霊が高野槇に乗って迷わず家に帰れるよう、参詣人は高野槇を求める。六道まいりの三日間は、本堂、閻魔堂、薬師如来立像ともに開帳され、終日拝観できる。

珍皇寺の「迎え鐘」に対して、あの世に精霊を送りだすのが矢田寺の「送り鐘」である。八月十六日、大文字の送り火とともに精霊を送る。寺町三条の繁華街にある矢田寺もまた、小野篁と縁が深い。

矢田寺の開祖である満慶上人と篁は親友であった。それで篁の案内のもと、満慶上人は冥界見学に行ったのだった。そこで業火の中に立つ地蔵菩薩を目にした上人は感動を覚える。それでこの世に戻ってきてから、その姿を思い起こし一心

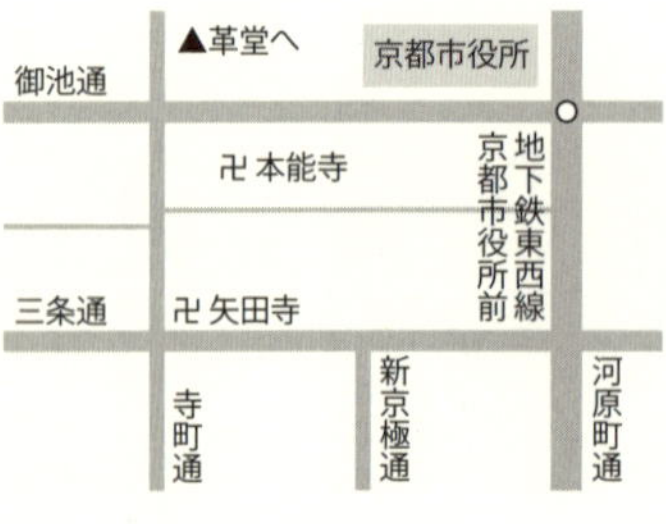

に刻んだ像が、矢田寺の地蔵菩薩として祀られている。この寺には、地蔵菩薩の姿を刻んだ銅鐘があり、京の人びとは、精霊を冥土へ送る鐘としてお盆の終わりに撞くのである。

お精霊さんが迷わぬように、闇夜を照らし道しめす

だれが始めた？ 大文字

京都の山を彩る五山送り火は、お精霊さんが迷うことなく冥途へ送る行事として行われている。いつ、誰が、なぜ始めたのか、俗説はいろいろあるが、実際のところはわからない。京都の人びとにしても、幼い時から「弘法さんが始めはったんや」というのを耳にしている程度である。いつから始められたという公式記録の発見はまだなく、最も古い記録で、公家舟橋秀賢《ひでかた》の日記『慶長日件録』の慶長八年（一六〇三）七月十六日の「晩に及び冷泉亭に行く、山々に灯を焼く、見物東河原に出でおわんぬ」という記述による。

五山送り火
八月十六日の夜、八時前になると市中のネオンが消灯され、少し街が暗くなる。その後、大文字から順に、山々が送り火の炎につつまれる。ちなみに京都人は「大文字焼き」とは決して言わない。

大文字送り火は、銀閣寺の東方にそびえる如意ヶ嶽の前山となる大文字山（四六五メートル）の山腹に、大の字の形に点火される。その昔、山腹にあった浄土寺が炎上した際に、本尊阿弥陀仏が峰に飛び移って放った光明をかたどって点火したのが起源という。それを空海が「大」に改めたとする。また、空海が左右上下に七十五基の火を焚き、飢饉・疫病の退散を念じたとも伝える。他にも、足利義政説、近衛信尹説と挙げればきりがないが、山麓では空海にあやかり、点火に使う割木、護摩木の奉納が銀閣寺門前で行なわれる。

厄除けとなる護摩木は、山上で井桁に組み上げられ、木々の間に松葉をくべ、さらに麦藁でまわりを囲う。点火の一時間前、弘法大師堂で「般若心経」が唱えられ、その灯明でもって点火される。

夏の夜を駆け抜ける超人弘法大師

大北山の左大文字送り火もまた、空海起源説を伝えている。左大文字送り火の特徴は法音寺の灯明から大松明に火を移して親火とし、世話人全員が隊列を組んで山へ登る点火儀式を行うことだ。これは他の送り火には見られない。割木、護摩木奉納は金閣寺総門前広場で行なわれる。

さらに鳥居本の鳥居形松明送り火は、弘法大師空海が石仏千体を刻んでその開眼供養を営んだとき点火されたと伝わっている。

松ヶ崎の送り火「妙」は、徳治二年（一三〇七）、松ヶ崎村が日蓮宗に改宗した際、妙の字を万灯籠山（西山）に書いて点火したといわれている。「法」の字はその後、大妙寺住職日良が大黒天山（東山）に書いたことに始まるという。

西賀茂の船形万灯籠送り火の起源は、山麓にある西方寺の開祖円仁が唐に留学したことにまつわる。留学を終え、帰路暴風雨にあったが南無阿弥陀仏と唱えて無事帰国できたので、その船をかたどって送り火を始めたと伝わる。かつては、「い」（市原）、「一」（鳴滝）、「竹の先に鈴」（西山）、「蛇」（北嵯峨）などの送り火もあったが、廃絶した。

送り火は、ただ観賞するばかりではない。水や酒の入った丸い盆に送り火を映して飲むと、中風にかからないとか、消し炭を白い紙に包んで水引で結んだものを戸口に吊るすと、疫病除け、盗難除けになるという慣わしがある。

鑑賞するばかりではない
点火に用いる松割木や護摩木に氏名・年齢・性別を書いて奉納すると先祖供養や厄除けになるといい、妙法送り火以外は一般にも受け付けている。

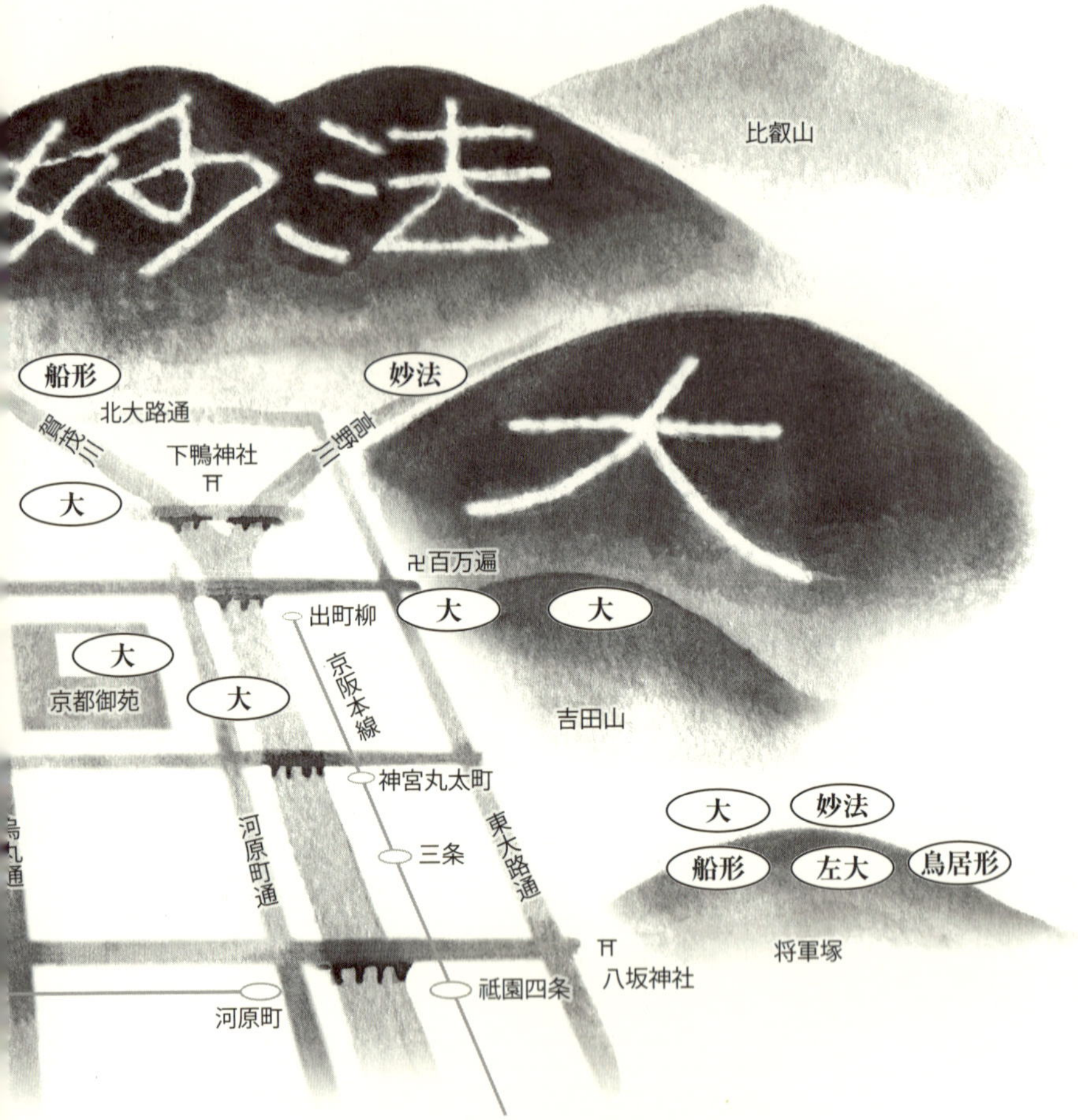

大文字を観るなら

大文字を真正面かぶりつきで見たいなら、吉田山山頂休憩広場がおすすめ。さらに鴨川及び賀茂川西岸、（丸太町通以北）、今出川通（百万遍以東）も迫力あり。高野川西岸（御蔭橋以北）、船岡山からは、大文字のほかに妙、法も見える。意外に穴場なのが京都御所の正門建礼門前である。

妙法送り火が合わせて見えるところは、高野川東岸（北大路通以北）、船岡山、将軍塚青蓮院大日堂。

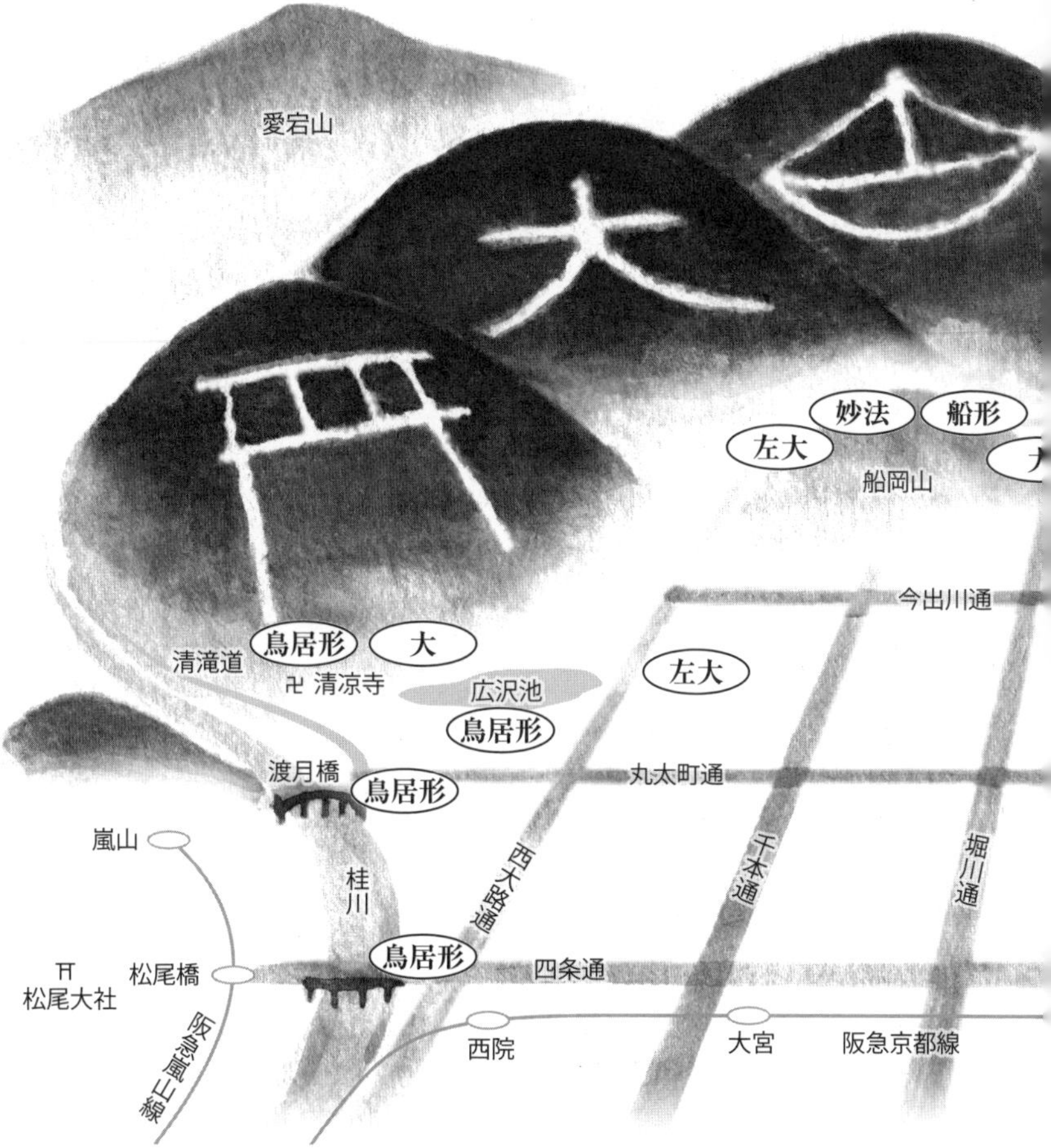

船形送り火は、賀茂川（鞍馬口通以北）、船岡山、将軍塚展望台、将軍塚青蓮院大日堂がきれいに見える。

左大文字送り火を見るなら、西大路通（四条通以北）、船岡山、将軍塚展望台、将軍塚青蓮院大日堂がおすすめ。

鳥居形送り火がよく見えるところは、渡月橋、松尾橋、将軍塚展望台、将軍塚青蓮院大日堂、広沢池では水面にも映って風情満点。また清凉寺横の清滝道からは、大文字送り火も見える。

鬼が出ぬよう、迷わぬように ―― 六地蔵めぐり

京へと通じる主要な街道の出入り口を「京の七口」という。平安末期に地蔵尊が安置され、旅人が京を離れるとき無事を祈る場所として知られる。

地蔵とは、六道衆生の苦を救う菩薩で、特に地獄におちた人々の救済者として信仰を集めている。あの世とこの世の境で邪悪な霊魂を払う存在として、村や町の境界に祀られた。また、地蔵菩薩と閻魔大王は同一と考える向きもある。

『宇治拾遺物語』には、閻魔の庁に召喚された藤原廣貴《ひろたか》という男の話が記されている。それは出産によって死んでしまい、地獄に堕ちて苦しむ妻の訴えによるものであった。自分は地獄の責め苦に耐えているのに、夫は自分を供養してもくれない、というのである。夫である廣貴は、あの世での妻の窮状を知り、日々の忙しさに供養を怠っていた自分を省みる。そしてもう一度人間界に戻って、妻の供養をさせてほしいと裁きの場で願い出る。不思議なことに、それならば帰還せよと許しが出たのである。

還る道すがら、あの御簾の向こうから沙汰を下して、自分を人間界に還らせてくれるのは一体誰だろうと思い、廣貴は再び閻魔の庁に戻り、どなたの裁きによ

るものなのですかと訊ねた。すると、閻魔大王は「閻浮提（人間世界）では、我のことを地蔵菩薩と称す」と答えたのだった。

「地蔵と閻魔は一」ということばがある通り、地蔵は閻魔の化身といわれる。閻魔といえば、おのずと小野篁の名が思い浮かぶが、京の六地蔵は、小野篁が木幡に植わる桜の大木から六体の地蔵菩薩像を彫って奉納したと伝わる。

篁は最愛の妹を亡くしており、「妹の身まかりける時、よみける」という哀傷歌が『古今集』に載っている。

泣く涙雨と降らなむわたり河水まさりなば帰りくるがに

わたしの涙が雨となって降ってほしい。三途の川の水かさが増せば、妹は彼岸に渡れずこの世に還ってくるだろうから……。愛する人をおくるという、身のおきどころもない哀しみの淵に嵌まった篁の心情が窺える。一説には、妹が六道で迷わぬように六地蔵を彫ったのだという。

しかし、平安時代の終わり頃、篁の地蔵尊は移動させられる。平清盛が街道の要所要所に配置しなおし、現在に至っている。

また、境界は子供の埋葬地であったから、子供を守る信仰も広まった。ゆえに京都では、子どもの無事を祈る地蔵盆（八月二十二、二十三日）に、伏見地蔵（奈良街道大善寺）、山科地蔵（東海道徳林庵）、鞍馬口地蔵（鞍馬街道上善寺）、常盤地蔵（周山街道源光寺）、桂地蔵（山陰街道地蔵寺）、鳥羽地蔵（西国街道浄禅寺）に詣でる「六地蔵めぐり」が行なわれている。

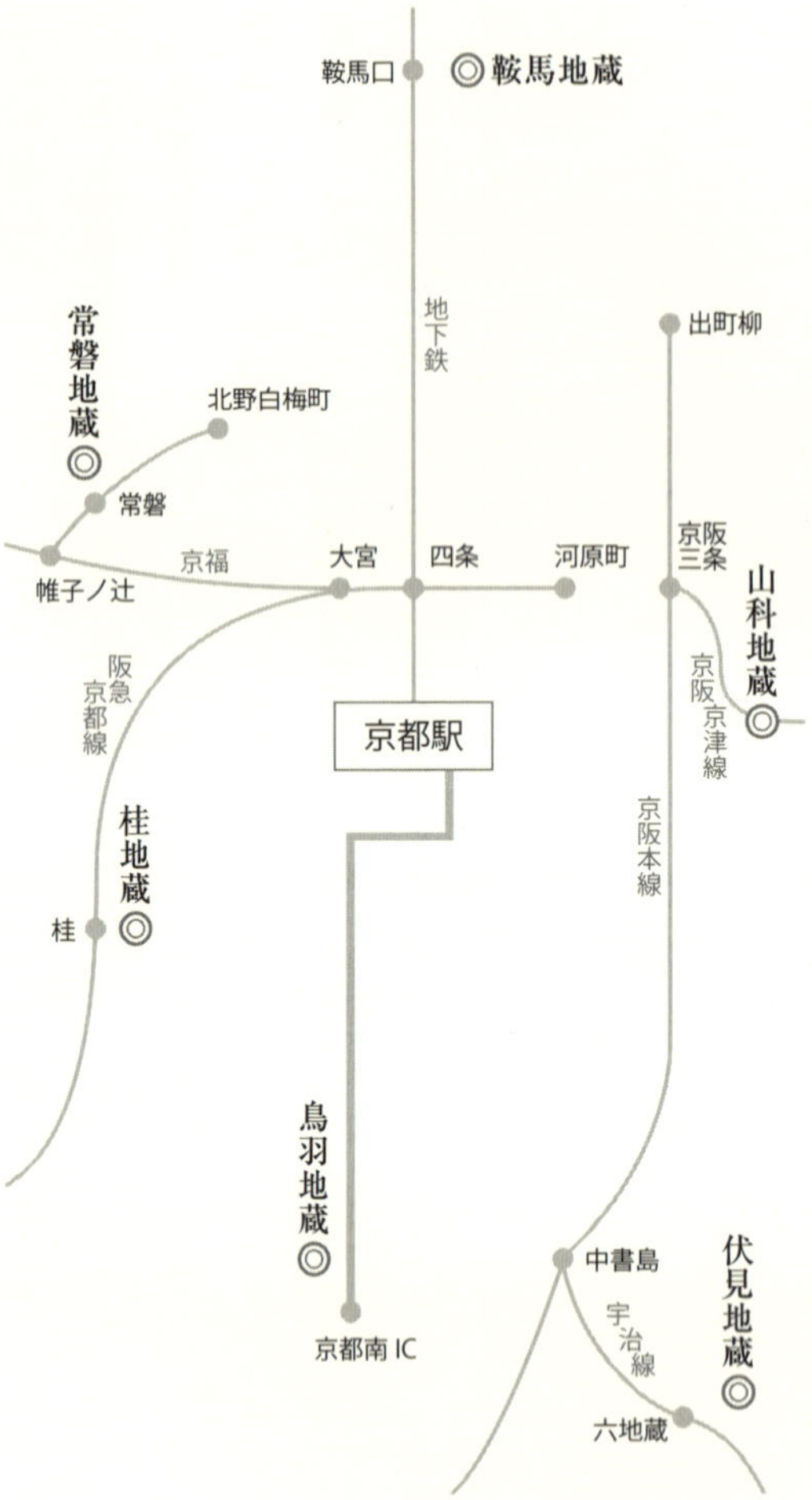

魔界と暮らす

祇園祭

貞観十一年（八六九）、京に未曾有の疫病が流行した。都人は当時の日本の国の数に当たる六十六本の鉾を先導させ、祇園社の神輿をかついで神泉苑へ行き、悪霊退散の御霊会を行った。これが祇園祭の起こりといわれる。中国の禁苑を模して造られた神泉苑は、皇室・貴族の遊宴の場であったが、祈雨の修法が行われて以来、宗教色が濃厚となり、やがて貞観年間の御霊信仰の高まりのなかで一大霊場となった。

京の町に悪霊と立ち向かう巨大鉾登場

現在、祇園祭といえば「十六日の宵山」「十七日の山鉾巡行」があまりにも有名で、なかにはそれで祭が終わったと勘違いしている人も多い。しかし、一ヶ月におよぶ長い祭の中で、山鉾巡行は、あくまでオープニングセレモニーなのである。

平安時代の御霊会にはじまるといわれる祇園祭に、現在のような山鉾が登場したのは、南北朝時代のことだ。現存する山鉾の中で、最も古いといわれる長刀鉾で嘉吉元年（一四四一）、応仁の乱の少し前のことである。暑い夏に蔓延する疫病を退散させるため、八坂神社の御祭神に、氏子の暮らす町なかへ降りてきてもらうべく、京の町衆は張り切って趣向を凝らした。それが山鉾という形に表われ今に伝わる。いわば、神さまをおもてなしするための華々しい歓待の儀なのである。さらに山鉾の巡行路は、神霊の乗った神輿が渡御する道でもあり、先に山鉾が通ることで、邪気を祓い、道を清める意味も込められている。

午前九時、「ヨーイ、ヨーイ、エンヤラヤー」の掛け声とともに、音頭取りが右手の扇子を前へ突き出すと、曳き手が一斉に動き出す。最初の見せ場は、九時二十分頃の「注連縄切り」。麩屋町通に建てられた斎竹《いみたけ》に、二十五メートルの注連縄が張られ、四条通を横断するように架かっている。その注連縄の前に、先頭の長刀鉾がピタリと止まり、鉾に乗った稚児が太刀で切る。こうして結界が解かれ、山鉾は先へ進むことができるのである。その先、寺町の御旅所前では稚児が舞い、「神楽」「榊」の祇園囃子が奉納される。日本の神々は賑やかなことが大好きである。天照大神が天の岩戸に隠れたときも、アメノウズメが舞い踊り、八百万の神々も囃し立て、大神の関心をひき、岩戸から連れ出したのだから、そ

八坂神社西楼門

山鉾の巡行路
千年の間には巡行路も変化しているが、先頭を行くのは長刀鉾と決まっている。

稚児
生稚児が乗るのは長刀鉾のみ。その他の鉾には稚児人形が乗せられる。稚児に選ばれると八坂神社に参詣して正五位少将の位を賜り、大名並の扱いを受ける。

れからしても、八坂の祭神を歓迎するのは重要なことだ。「神楽」は神座《かみくら》の転じたもので、神さまが降臨するところを意味する。「榊」も神さまが宿る枝、神域に植える常緑樹である。つまり稚児の舞いは、結界を越えて、神さまが降りて来られたことをあらわす。

次の見どころは九時四十分頃の「辻廻し」。四条河原町の交差点にさしかかった山鉾は、河原町へと方向転換する。そもそも鉾は、直進しかできない構造になっており、それを長年培った技でもって、クルリと九十度、見事に回転させる。直径二メートルもある車輪の前に、割竹を敷き、水をかけ、掛け声とともに一気に滑らせる。高さ二十五メートル、重さ十二トンの巨大な鉾が、ギシギシと軋ませながら旋回する様子は、巡行最大の見せ場。見守る観衆も、皆一様に息を飲む。不思議な静寂のあと、見事な技に拍手喝采が湧き起こる。

山鉾が河原町通を北上すると、舞妓、芸妓のきれいどころがその到着を待ち受けており、ひときわ華やかな雰囲気に包まれる。祇園囃子も賑やかな拍子で、人で溢れる沿道に、幾重にも響き渡る。この後も、河原町御池と新町御池の二ヶ所で辻廻しが行われる。

御池から、山や鉾はそれぞれの町内に帰るために室町通や新町通の小さな通り

山鉾巡行コース

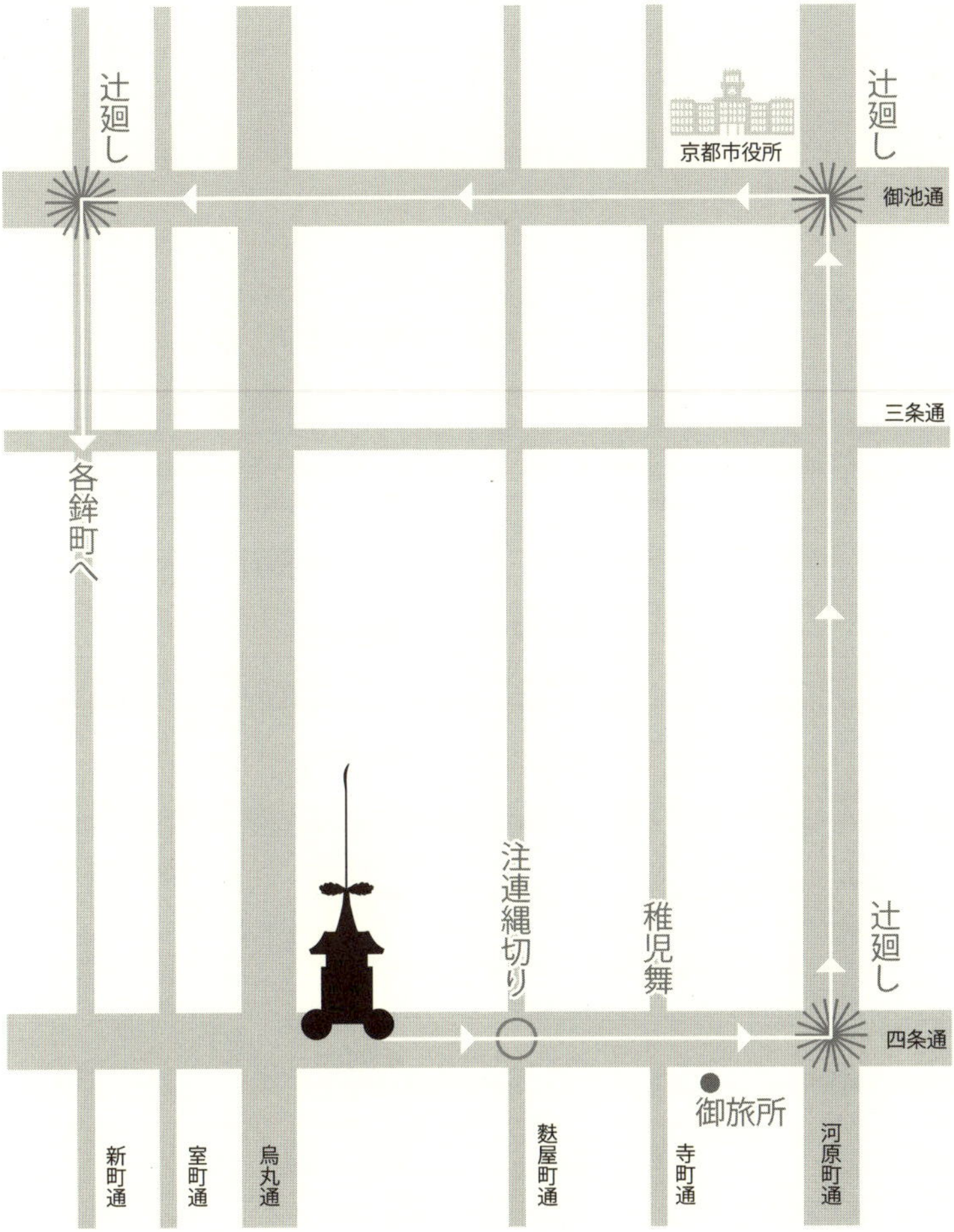
辻廻し
京都市役所
辻廻し
御池通
三条通
各鉾町へ
注連縄切り
稚児舞
辻廻し
四条通
御旅所
新町通
室町通
烏丸通
麩屋町通
寺町通
河原町通

山鉾位置図

油小路通
小川通
西洞院通
釜座通
新町通
衣棚通
室町通
両替町通
烏丸通
東洞院通
御池通
姉小路通
三条通
六角通
蛸薬師通
錦小路通
四条通
綾小路通
仏光寺通
高辻通
松原通
役行者山
鈴鹿山
黒主山
八幡山
浄妙山
北観音山
鯉山
橋弁慶山
南観音山
山伏山
霰天神山
占出山
蟷螂山
放下鉾
菊水鉾
孟宗山
四条傘鉾
郭巨山
函谷鉾
長刀鉾
月鉾
鶏鉾
芦刈山
伯牙山
綾傘鉾
油天神山
船鉾
白楽天山
木賊山
太子山
岩戸山
保昌山

をゆく。ひしめく町家の軒先から山鉾の姿が見えると、まるで怪獣が現れたような衝撃を受け、なるほど山鉾が悪霊退散のシンボルであることが体感できる。

巨大な力を内蔵する山鉾の神々

三十数基ある山や鉾には、それぞれに祭神が祀られている。天神となった菅原道真（霰天神山）や、弁慶と牛若丸（橋弁慶山）や、最強の武士と謳われた藤原保昌（保昌山）や、出産を控えながら戦勝に導いた神功皇后（船鉾、占出山）など、強い力をもつ神々である。たとえば、くじ取らずで山鉾巡行の先頭を務める長刀鉾を見てみると、まさに霊力の塊であることがわかる。

長刀鉾は、鉾頭に平安時代の刀工、三条小鍛冶宗近作の大長刀を付けることに由来する。もとは、宗近が愛娘の病気平癒を願って鍛えた刀を祇園社に奉納したものだと伝わる。その後、大永二年（一五二二）に疫病が流行った折のこと、祇園の感神院から現在の長刀鉾町にその長刀を預かることになった。そこで病人が拝んだところ、たちまち病は癒えたという。その後、返納しようとしたら、長刀は重くなり動かなくなった。それ以来、町内で祀るようになったと伝わる。この長刀の霊験によって疫病が治まったという話は数多く、現在も、町宝として大切に秘蔵されている（鉾の頂に飾られている全長二十一・七メートルの長刀は、真剣だと重く危険であることから、天保八年（一八三七）より、竹製に錫箔を押し、鍍金金具をほどこしたものを使っている）。

長刀鉾には霊剣が掲げられているだけではない。長刀の下に長幡を垂らし、そこから一メートルほど下方に黒塗の小屋根が設けられている。その中に天王像が安置されている。その像は、鎌倉初期に源家再興のために挙兵した和泉小次郎親衡を刻んだものである。二十三センチほどの木彫りの像は、鉾建ての最後に結いつけられる重要なもので、右手に太刀を持ち、左肩に舟を担いで、堂々たる武人の姿をしている。

さらに赤い三角帽子のビロードで覆われた大屋根の下方、絢爛豪華な破風裏には、矛を持った二人の舞人の彫像があり、舞楽『厭舞』を舞っている。悪魔を調伏し、災いを除く意味が込められている。もう一方、後部の破風裏には、小鍛冶宗近が神剣を鍛える姿が刻まれている。まるで最強ロボットが至るところに武器を携えているように、鉾の細部には、悪霊を打ち倒すパワーが装備されている。

長刀鉾
長刀鉾の紋である「長」の字は、織田信長の筆跡だと伝わる。信長も天下を掌中に握る直前で本能寺の変に斃れた超人的な戦国武将である。

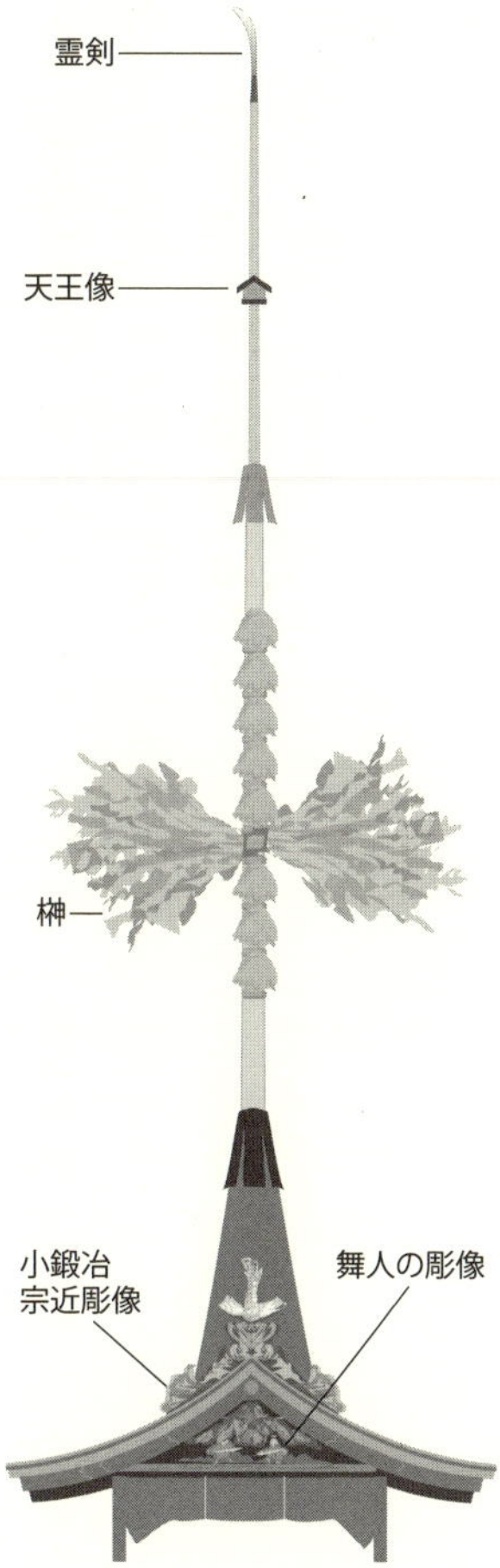

神剣を打つ名刀匠宗近と稲荷明神

名刀匠と謳われた三条小鍛冶宗近のもとに、一条天皇から刀を献上するようにと勅使が訪れた。宗近は仕事に入る前に、稲荷神社へ祈願に行った。御刀を鍛えるためには、相槌の打てる者が必要だったのだ。祠の前で宗近が額ずいていると、どこからともなくひとりの童子が現われ、「家に帰って剣を打つ壇を設けるように」と告げるや、稲荷山の奥へと姿を消した。宗近は粟田口にある家に帰るやいなや、仕事場を清め、壇を設けて注連縄を張った。すると稲荷明神が現われ、「先刻の約束どおり相槌を打たん」と、宗近と共に槌を響かせた。そうして名刀小狐丸が誕生した。表には宗近、裏には小狐の銘が刻まれている。
　宗近と稲荷明神が名刀を鍛えた場所は、三条神宮道を東に入ったところにあり、相槌稲荷明神の祠が祀られている。また粟田鍛冶町に鎮座する粟田神社の鳥居のすぐそばには、宗近を祀る鍛冶神社がある。ここは宗近の邸跡だと伝わる。

いよいよ神さまが町に動き出す神幸祭

　一般に、山鉾巡行が祇園祭のクライマックスのように誤解されている。しかし本当は巡行が終わってから、いよいよ祇園祭の本番、神幸祭がはじまる。夕方四時すぎに鷺舞行列が八坂神社を出発し、そのあと本殿から神霊を遷された三基の神輿が、氏子の家々を巡って四条寺町の御旅所まで渡御される。日本中から輿丁たちが集結し、地響きするほどの「ホイットー、ホイットー」の掛け声のもと、祇園石段下で揃い踏みする。

御旅所
神輿が御旅所に鎮座している神幸祭から還幸祭までの間、八坂神社から御旅所まで毎日欠かさず詣でると、願い事が叶うとされる。ただしその道中、誰に会っても話をしてはいけないという。無言詣と呼ばれ、恋愛成就を願う女性の姿も多い。

深閑とした八坂神社本殿前で、宵闇の霊還し《みたまがえし》

十七日から四条御旅所に遷されていた神霊が、八坂神社へ帰る神事。夕刻、御旅所を発つと、三基の神輿は氏子の区域を練り歩き、九時すぎに八坂神社へ到着する。拝殿を右回りに三周し、神輿を拝殿に上げ、霊還しの神事が行われる。それまでの祭の騒々しさは瞬時に静まり、境内の灯りが消され、物音一つしない荘厳な空気のなか、神霊はお還りになる。また、神輿の頂きに結わえられている青稲をもらって、それを煎じて飲むと病気平癒に効くといわれる。

祇園祭にたずさわる人が腰にさす蘇民将来の子孫である護符《しるし》

山鉾の町衆も、神輿の舁き手も、祇園祭にたずさわる人ならだれもが、榊の枝に「蘇民将来之子孫也」と記された護符を身に付けていた。そもそも蘇民将来とは、素戔嗚命《すさのおのみこと》が南海を旅した時に、手厚くもてなした人物のこと。旅にやつれた素戔嗚命が、蘇民将来と巨旦《こたん》将来という兄弟に一夜の宿を求めたところ、裕福な巨旦

はすげなく断り、貧しいが心のやさしい蘇民は、粟飯をふるまい歓待した。その真心に感じ入った素戔嗚命は、今後悪疫が流行しても「蘇民将来之子孫也」と記した茅の輪を腰に下げていれば難から免れると約束された。そしてほどなく、巨旦の家は疫病で絶え、蘇民の家は末代まで繁栄したという。この故事こそが祇園祭の原動力となっていた。その蘇民将来を祀る疫神社は、八坂神社の西楼門（祇園石段上）を入った突き当たりに鎮座する。ここで祇園祭のクライマックス夏越祭が行われる。一ヶ月にわたる祇園祭は、直径二・五メートルもある疫神社の大茅の輪をくぐって幕をとじる。

荒ぶる疫神を祀る古社のやすらい祭

京都には悪霊を退散させる祭がたくさんある。祀られた怨霊の元祖、早良親王の霊を慰めた上御霊神社の祭や荒ぶる神の素戔嗚命（牛頭大王）を祀る八坂神社の祇園祭などさまざまあるが、今宮神社も疫病を祓うために御霊会が行われてきた古社である。境内には大国主命・事代主命《ことしろぬしのみこと》・奇稲田姫命《くしなだひめのみこと》を祀った本殿と、疫神

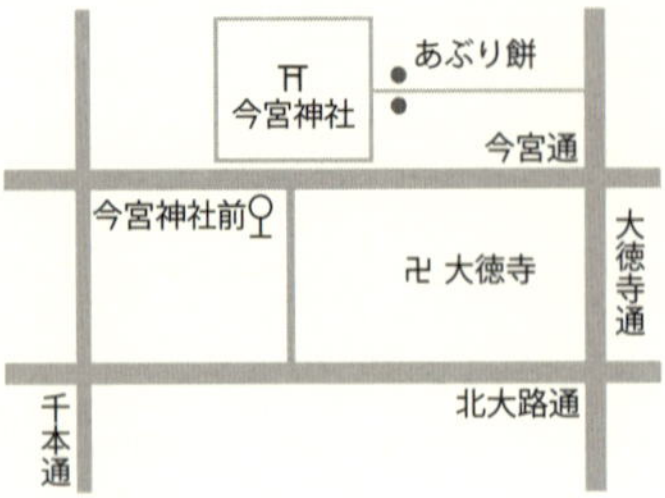

である素戔嗚命を祀った疫神社が鎮座している。この閑静な社は、疫神を鎮めるために設けられた異界なのである。

正暦五年（九九四）には洛中に疫病が流行したために、神輿を作り、社から素戔嗚命を担ぎ出し、船岡山で御霊会が営まれた。そして山頂の磐座《いわくら》で荒ぶる素戔嗚命を鎮めた。

京の祭は、「やすらいさんから始まる」と京都の人はよくいう。今宮神社に伝わる祭礼「やすらい祭」は、陰暦三月十日、現在では四月の第二日曜日に行われる。花が舞う温かい春の訪れと共に、疫神は動き出すといわれるからである。その疫神を鎮め、無病息災を祈願したのが、この華やかな祭の謂われである。美しい花で飾られた緋色の風流傘を中心に、黒毛、赤毛の鬼が今宮に参詣して踊りを奉納するという奇祭である。お囃子に続いて氏子の家々を練り歩き、神社に帰還後、風流傘に宿った疫神を神の威光で降伏させる。祭の時、この風流傘の下に入ると、その年疫病にかからないといわれている。

今宮参詣で欠かせないのが、名物あぶり餅である。竹串に刺した餅を炭火であぶり、白味噌仕立てのたれで食べる。御霊会で餅を供えたのが始まりで、それが門前のあぶり餅に受け継がれている。この餅を食べると疫病にかからないという。

あぶり餅
門前に「一和」と「かざりや」の二軒が向かい合っている。

六斎念仏 ―― 空也上人の踊躍念仏が脈々と受け継がれ

盂蘭盆会の町内に響く鉦と太鼓の音

鉦や太鼓や笛のお囃子で念仏を唱える六斎念仏。国の重要無形文化財であるが、そのはじまりは平安時代、空也上人が民衆を教化するために実践した踊り念仏にさかのぼる。人々が疫病に苦しむ姿を憂えた上人が、托鉢の鉢と瓢箪を叩いて念仏を唱えていったその姿が原型である。その後、盂蘭盆会につながり、京都ではお盆の行事として定着している。

そもそも六斎とは、悪鬼が猛威を振るって人々に災いをもたらすという毎月八、十四、十五、二十三、二十九、三十の六斎日に、身を慎み、仏の功徳を修めるという行事であった。室町時代前期には、この六斎日に人々が一所に集まり、念仏を唱えていたという。それが室町後期になると、貴人の法会に六斎衆が現われるようになる。つまりそれまで自分のための念仏だったのが、死者の供養のためにも行われるようになったのだ。そして江戸時代初期頃には、現在のようにお盆に六斎念仏を唱える六斎念仏講中の姿が見受けられた。

現在、六斎念仏には念仏六斎と芸能六斎の二種がある。本来の目的である鉦や太鼓を叩きながら念仏を唱えるものと、能や狂言にアレンジを加えて劇的に演出されたものとで構成されている。

永禄一〇年（一五六七）に真如堂で行われた六斎念仏は、鉦と太鼓を演奏しながら念仏を唱えるもので、これが京都の六斎念仏の基本スタイルだった。それを継承していたのが、光福寺（干菜寺）で、豊臣秀吉の墨付を得て六斎念仏講中を一手に組織化していた。

しかし江戸中頃からは町人文化が活気づき、様々な芸能が花開いた。それにともない、六斎念仏の中にも「見せる」要素が色濃く取り入れられ、芸能六斎が発展していった。そして念仏を主とする干菜寺系統から離れていく講中も多く出現した。

この「見せる」六斎念仏は、京都独特のものとして今も受け継がれている。従来の太鼓に加えて、踊りの振りが観衆の目をひいていった。さらに歌舞伎舞踊の要素を六斎に取り入れるところもあれば、壬生六斎のように能狂言の「土蜘蛛」を演目に加えるなど、各地で独自のアレンジが施されていった。

時代とともにいかに演目が変わろうとも、空也上人よりつづく悪疫退散の願いは変わらない。たとえば『獅子舞と土蜘蛛』で、土蜘蛛の糸が投げられると、そ

光福寺（干菜寺）
六斎念仏は八月中旬に一般公開される。

の糸を観衆はこぞって持ち帰り、厄除けとして一週間神棚に祀ったという。さらにその先端についている錘《おもり》を財布に入れておくとお金が貯まるという慣わしがある。ここでも、悪漢土蜘蛛の放ったものにご利益があるというのだから、なんとも興味深い。

千年もの時間をかけて、京都周辺の村々にあまねく浸透していった六斎念仏は、現在十余ヶ所で伝承されている。壬生、千本、円覚寺、中堂寺、西方寺、上鳥羽、嵯峨野、小山郷、吉祥院、梅津、久世などに、六斎保存会が組織されている。

空也——高貴な出生を秘して山岳修行

粗末な衣を身にまとい、生きとし生けるものの幸せを慈愛に満ちた表情で願う。その口からは、六字の名号が、六体の仏の姿となって現われている、六波羅蜜寺に安置されている空也上人の姿である。

僧というよりは謎めいた呪術者の顔を持つ人物である。空也は日本各地の霊峰を歩き、木の根を食して命をつなぎ修行にいそしんだ。尾張国（愛知県）国分寺で出家し、その出家名から、生涯空也で通した。仏像や経巻を背負い、法螺貝を吹きながら全国を行脚し、険しい道を開削し、井戸を掘り、川に橋を架け、人々を助けながら二十年の歳月を苦行した。

延喜三年（九〇三）生まれの空也は、自ら出生について述べたことがないという。一説には醍醐天皇の皇子とも伝わっている。高貴な出生を捨て去り、厳しい修行の果てに、人智を超えた験力を身につけたといわれる。

空也の踊り念仏

空也が京都に姿を現したのは天慶元年（九三八）、三十五歳のころ。寺には住まず、市井に暮らした。空也は仏教をわかり易く人々に説く伝道者となり、辻々で念仏を唱えながら、苦しむ民衆の教化に努めた。首からさげた鉦鼓を叩きながら、リズミカルに唱和する空也の踊躍念仏は、十二月十三日から大晦日にかけての毎日夕暮れ時に六波羅蜜寺で行なわれる。それより一ヶ月前、堀川蛸薬師を東に入ったところにある空也堂の開山忌でも、歓喜踊躍念仏と六斎念仏踊りが行な

六波羅蜜寺
周辺には六道珍皇寺や西福寺など見所が多い。「幽霊子育飴」をお土産に。

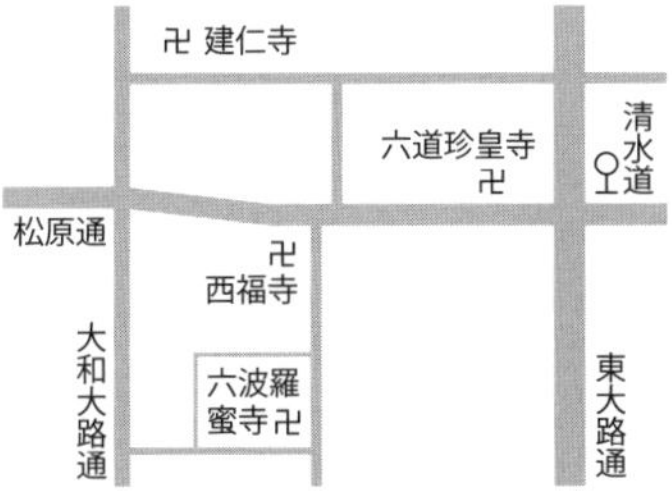

空也堂
「本能寺の変」で信長が自刃した。本能寺はかつてこの辺りにあった。現在は本能寺址の碑のみ残っている。

われる。空也念仏の道場であった空也堂は、いまも無形文化財としてつづく六斎念仏発祥の地である。

京の葬送地鳥辺野に寺を建立

さて、後年の空也は、天暦二年（九四八）に比叡山に上り、戒壇院で大乗戒を受け、天台の僧になっている。多くの貴族が空也に帰依し、応和三年（九六三）には、その支援を得て、賀茂川の東岸に西光寺（後の六波羅蜜寺）を建立。野辺一帯に晒されている亡骸を供養し、悪疫退散を願った。

悪疫退散——京の正月の皇服茶

京の正月は皇服茶を飲むところから始まる。小梅と結び昆布を入れたお茶をいただき、その年の厄難除けとする。この慣わしを広めたのは空也上人である。

京の町に疫病が蔓延した時のこと、空也は十一面観音像を自ら刻み、悪疫退散を祈願した。そしてその仏像を車に載せて市内をまわり歩き、病人がいれば小梅を入れた茶を飲ませてやった。すると不思議なことに疫病は絶えていったという。この空也の淹れたお茶を、時の帝（村上天皇）も服されたことから御仏に供える茶が、「皇服茶」といわれるようになった。六波羅蜜寺では、正月の三が日に参拝者に皇服茶がふるまわれる。

人の暮らしを助けつづけた市聖は、天禄三年（九七二）、西光寺で七十歳の生涯を閉じている。

京の街なかに息づく古代の原生林 ——糺の森

下鴨神社の本社から河合神社に至る広大な神域は、糺の森と呼ばれ、今なお古代山城原野の面影をとどめている。樹齢六百年といわれる欅をはじめ、椋、榎などニレ科の落葉樹が群生する中、境内に流れる水は清澄で神々しく、まさに神棲む異界である。その神の苑に流れる御手洗川、瀬見の小川、奈良の小川、泉川では、多くの神事が行われている。

境内には京の七不思議の一つに数えられる「連理の賢木」がある。相生社の横にあるその木は、二本が一つに結ばれており、縁結びの神様の仕業だといわれている。というのも、すぐそこに流れる瀬見の小川で、清らかな姫君は大きな出会いを得て、母となるのである。

『山城国風土記』逸文の「賀茂社」の項には、下鴨神社の謂われが記されている。

下鴨神社
初夏には境内にホタルが舞い飛び、秋には参道が落葉で埋め尽くされる。街中ではあるが、豊かな自然を感じることができる。

神秘の丹塗りの矢

賀茂建角身命は大和の国にある葛城の峰にいたが、現在の相楽郡加茂町あたりに移った。さらにその地から木津川をのぼり、桂川と賀茂川の合流地点までたどりついた。

そこで命は、賀茂川を遠く望まれて「狭くあれども、石川の清川」（狭いが、清らかでけがれのない石川である）と口ずさんだ。このことから賀茂川は「石川の瀬見の小川」と名付けられた。

そして命は、「この川の上流に住みたい」と、北山の麓に落ち着いた。それ以来この地を加茂と呼ぶのである。

しばらくすると、命には、玉依日売子と玉依日売の二人の子どもが生まれた。ある時、玉依日売が瀬見の小川へでかけると、川上から丹塗りの矢が流れてきた。その矢を持ち帰り、毎日見ているうちに姫は孕んでしまい、男の子を生んだ。命が「おまえの父親だと思うものに、この酒を飲ませておやり」と杯を渡すと、その子は天高く舞い上がっていった。父親は火雷命だったのである。

男の子は賀茂別雷命と名付けられ、上賀茂神社の祭神となった。下鴨神社の祭神である賀茂建角身命、玉依日売命は、父は西本殿に、娘は東本殿にそれぞれ祀られている。御手洗社で立秋の前夜に行われる「矢取りの神事」は、この「丹塗りの矢」の物語をふまえているといわれている。

夏越の祓いのひとつである矢取りの神事は、御手洗池に円形に立てられた五十本の斎串を、法被姿の人びとが池に飛び込んで奪い合い、厄除け無病息災を願うものである。

夏越の祓い

京都という地の入り口、出口に異界があるように、季節の入り口、出口にも異界があった。時間的な異界も存在したのである。現在でも「季節の変わり目なので体調をくずさないように」とか「旬のものを食べると健康にいい」というのもうなずける。

季節の変わり目が重要なのは人間だけではない。農耕民族の日本にとって、あまねく農作物にとっても肝心な時期となる。

季節の入り口の儀式は、清澄で神聖なる異界空間で行われる。とりわけ夏への入り口と出口は重要視された。夏の入り口は、陰暦で四月、現在では五月にあたる。だから京都では五月に祭が多い。下鴨神社の五月は、「流鏑馬の神事」「鳴弦蟇目《めいげんひきめ》の神事」「歩射神事」、そして夏の祭といわれた葵祭が行われる。

夏の出口は現在の七月である。下鴨神社では、土用の丑の日には「足つけの神事」が行われる。境内にある御手洗川に足を浸すとあらゆる病が治るといわれている。またこの日に竹串に五つの団子を刺した御手洗団子を食べるとさらによいとされている。

流鏑馬の神事
五月三日に行われる。欽明天皇五年（五四四）に、賀茂神の祟りを鎮めるために、馬に鈴を付けて走らせたことに始まるという。糺の森にある五〇〇メートルからなる馬場を全力疾走し、「陰陽（インヨー）」の掛け声とともに矢を放つ。

鳴弦蟇目の神事
蟇目とは、矢の先に付けた蟇目鏑のことで、弓の弦を引き鳴らして音を発することで天地四方の魔物を退散させる儀式。

歩射神事
五月五日に行われる。古来、邪気を祓うための弓神事。大的に向かって次々と矢を放つ大的式、また鏑矢を弓につがえて楼門の上に高々と放つ屋越式がある。

葵祭
毎年、五月十五日に行われ、京都御所を出発し、下鴨神社を経て上賀茂神社へと行列する。平安時代から有名な祭で、道長も見物し、『源氏物語』にも登場している。

いまや和菓子の定番となっている「みたらし団子」であるが、その発祥は下鴨神社の茶店から起こったといわれる。御手洗川の源泉から涌き出る、水玉の形をかたどり、串に刺した団子の一玉と四玉の間に少し隙間が空いている。五つの団子は五体を意味し、人形《ひとがた》を表している。

物事をただす不思議の森

また『発心集』（十三世紀初頭頃成立）に不思議な話がある。

ある僧が、糺の森の前の河原を通りがかった時、言い争いをしている三人の童に出くわした。聞けば神の前で読む経の名前について互いに論じていたのである。僧は「どれも間違いだ」と糺したところ、童たちは黙ってしまい、皆去っていった。そしてしばらくして、僧は突然倒れた。夢の中にやんごとなき人が現れて、「三人の童は誰も間違っていない。めでたい経のことを話題にしているので、うれしく聞いていたのに、お前が出しゃばったために議論をやめてしまった…」と惜しそうに言った。糺そうとした僧が、反対に糺されたというものである。

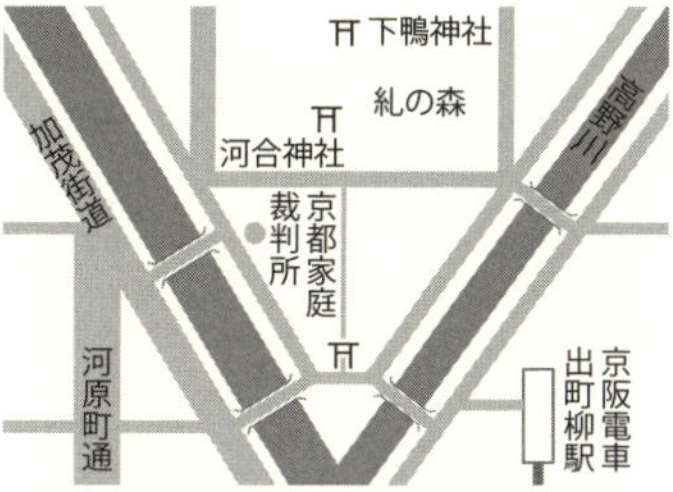

糺の森

やんごとなきモノが棲む神聖な森では、濁りのない清澄な大気が常に満ち満ちている。

京の観音さま

宇治の清淵から出現した秘仏――桓武天皇ゆかりの千手観音像

桓武天皇ゆかりの千手観世音菩薩を祀っていた寺がある。宇治の明星山の自然に囲まれ、桜、躑躅、紫陽花、蓮と、五千坪の境内に花の絶えることがない三室戸寺である。起源は平安遷都よりも古く宝亀元（七七〇）年、宇治山の清淵から出現した千手観音を、光仁天皇が離宮に安置して、「御室戸寺」と称したことにはじまる。以来、歴代天皇の信仰厚く、離宮（御室）が、花山、白河と三帝に受け継がれたことから、現在の寺名となった。

本尊の千手観世音菩薩は、厄除け、病気平癒に霊験あらたかな秘仏である。一尺二寸（約三十七センチ）の小さな像で、平安時代には、桓武天皇が白檀で二丈（六メートル）の千手観音像を刻み、その胎内に納められていた。しかし室町時代に火災に遭い、胎内の秘仏のみが焼け残った。現在は、重厚な入母屋造の本堂の中、須弥壇の厨子に安置されている。御前立ちの像から秘仏を想像するばかりだが、千手観音という響きから誰もが思い描く姿とは趣が違う、二臂の観音像である。

観音菩薩が人気の理由

観世音菩薩は本来、阿弥陀仏の脇侍でしかなかったが、『法華経』観音品の影響で、現世利益の菩薩として人気を集める。特に王朝時代、現実主義の女性にとって、重要な存在となった。長谷寺（初瀬詣）、石山寺、清水寺などが代表的である。平安時代、『枕草子』の作者清少納言も、清水寺に籠もって観音菩薩に祈願している。

霊水流れる音羽の滝

延暦年間に創建された清水寺の起源は、僧賢心（のちの延鎮）が、夢のお告げを受けて、紫雲たなびく地を目指し、音羽山にたどり着いたことにはじまる。そこに草庵を築き、千手観音像を彫った。その翌々年、坂上田村麻呂が音羽山を訪れている。

田村麻呂がまだ近衛の将監だった頃のことで、産後の妻に栄養を摂らせようと鹿狩りに来たのだった。そのとき、不思議な水が流れているのに気づく。田村麻呂がその水を飲むと、不思議なことに身体が清められてゆくのがわかった。それで水源をたどってゆくと、滝の下に出た。そこに経文を唱える声が聞こえてくる。

ふつうの人ではない、神仙であろうかと思った田村麻呂は、その人に素性を質す。これが田村麻呂と賢心の出会いである。聖の道を求めて苦行にはげむ賢心は、この地がいかに瑞相をあらわす霊地であるかを語ってきかせた。

不思議な体験をした田村麻呂は、家に帰って妻にこのことを語る。自分の健康のために殺生をした罪に妻は心を痛め、はかりなき罪を懺悔するために、御堂建立を誓うのであった。妻とともに帰依した田村麻呂は、賢心と力を合せて観音像

音羽の滝
滝の下流は渓谷となっていて紅葉の季節など特に美しい。また滝の前の茶屋は落語「はてなの茶碗」にも登場している。

を祀る堂宇を建立する。清水型といわれる千手観世音菩薩は、本堂内々陣の厨子に安置されている秘仏である。

ちなみに、田村麻呂の建てた清水寺の御堂は、桓武天皇のわずか十年の都、長岡京の建材を使用している。

京のへそ六角堂の美女

いつ訪れても境内には、巡礼の人びとが手向ける線香の紫煙が絶えない。京の中心、へそ石のある六角堂は、聖徳太子が開いた寺である。

それは用明天皇二年（五八七）のこと、四天王寺を建てるための建材を求め、聖徳太子がこの地を訪れた。太子はそこに生えていた多良の木に護持仏をかけて、湧き出る泉に入った。沐浴し終わって、護持仏を手にすると、どうしたことか枝から離れようとしない。するとその夜、夢の中に仏が現れて「この地にとどまって衆生を救いたい」と告げられた。

太子の護持仏は、御丈一寸八分（約五・五センチ）の如意輪観音である。如意輪とは、如意宝珠法輪のことで、思いのままに珍宝を出す宝珠に、煩悩を砕く法輪の力が備わっている。つまり人々の苦渋を救い、智恵や富や力を願いのままに授けられる。右手にかしいだ物思う表情は、衆生救済の想いに耽るさまをあらわす。それで太子は護持仏を安置する観音堂を建てた。それが六角堂（正しくは紫雲山頂法寺）である。

六角堂の中央には、右頬に掌を添えた美しい本尊如意輪観音が安置されている。聖徳太子が肌身離さず持っていた仏像は、金色に輝く御前立ちの後ろの厨子の中に安置されている。普段は拝見することのできない秘仏である。

この如意輪観音に魅せられたのが若き日の嵯峨天皇である。

六角堂に足繁く通い、観音さまに一つの願い事をする。それは心の美しい容姿も端麗な妃を迎えられますように、というものだった。ある夜、嵯峨天皇の枕もとに六角堂の観音さまが現れ「明朝、六角堂の柳のもとにいる女こそ、あなたが求める妃となる者」と告げられた。明け方六角堂に行ってみると、確かにひとりの女が立っていた。天皇はすぐさま宮中に迎え入れ、深く愛したという。本堂前の大きな柳は、長い枝が地面につかんばかりに垂れ下がっていることから「地摺れの柳」といわれている。嵯峨天皇が愛する人を見つけたことから、縁結びの木として古くから信仰されている。

日本で最初の都七福神

インド、中国、日本の七神が集い、人々に福徳を授けてくれる七福神参り。日本に数ある七福神巡りの中で、都七福神が最も古いといわれる。一説によると、京都は七福神信仰発祥の地で、室町時代に町衆の間で流行ったのが始まりと伝わる。熱狂的なブームとなったのは江戸時代のことで、正月二日の初夢の晩に、宝船に乗った七福神の絵を枕の下において寝ると幸運に恵まれるといわれた。

参詣は一年を通して行われるが、毎月七日が都七福神の縁日にあたり格別に賑わう。

そもそも七福とは、『仁王経』のことばから生れたという。古来より、新春に巡拝すると「七難即滅」「七福即生」を成すといわれる。

栄西禅師を救った京のゑべっさん

「商売繁盛笹持ってこい」の、ゑびす神は、右手に釣竿、左手に鯛を抱えている漁業の守護神で、本来、海路、旅行安全の功徳がある。にこやかなゑびす顔やそのたたずまいからも豊漁を意味し、商売繁盛の信仰が厚い。「京のゑべっさん」と親しまれている恵美須神社は、建仁寺の鎮守社として創建された。特に正月の十日ゑびす（八日～十二日）は、福笹を持った多くの人でにぎわう。また、建仁寺を創建した栄西が中国から帰朝するとき、大時化で難破するところに、五色に輝く光が波間に現われた。栄西が掬い上げるとゑびす神であった。一心に祈願すると荒波が止み、栄西を守ってくれたことから「旅ゑびす」とも呼ばれ、航海・交通安全に御利益があるとされる。参拝するときは、正面にお参りした後、左側面の戸を軽く叩いて再度お願いするとよいといわれている。

小槌を持った松ヶ崎の大黒さん

大黒天は、本来インドの戦闘神であるが、日本では（大国主命）と「ダイコク」の響きが合わさって、台所の神さまとして信仰される。米俵の上に乗り、右手に打出の小槌、背中に大きな袋を提げ、福財をいただく神といわれる。京都では、松ヶ崎の大黒天が特に有名である。創建時は、比叡山三千坊のひとつ歓喜寺という天台宗寺院であったが、のちに日像上人が辻説法を行い、そのときの住職実眼が、松崎山妙円寺という日蓮宗寺院に改める。本尊は三寸ばかりの大黒天で、最澄が刻んだ。それを日蓮が甲子《きのえね》の年の月の日に開眼したと伝わる。開運招福の「福の神」である。大黒堂に祀られている本尊は秘仏だが、甲子の日（甲子祭）には、御開帳され、本尊前で諸願成就の祈祷が受けられる。

菅原道真も祈願した羅城門の毘沙門天

毘沙門天はインドの戦勝神で四天王のひとりである。甲冑を着けたその姿は厳めしく、北方を守護し財宝を守る。仏教の守護神毘沙門天は空海が入唐の際に感得したもので、信仰すれば十の福を得るとされているが、特に学業成就や安産の霊験があらたかである。東寺の毘沙門堂は、空海の住房であった御影堂の南に建ち、本尊兜跋毘沙門天立像を安置している。この像は鎮護国家の霊像として羅城門に安置されていたもので、門の倒壊後、東寺に移された（常に毘沙門堂に安置されている立像はその分身で、本物は宝物館に保管され、春秋のみ公開される）。かの菅原道真もこの毘沙門天に祈願し、文章博士になる道が開けたといわれる。

崇徳天皇の霊夢に現われた弁財天

弁財天は七福神の中で唯一の女神。音楽や弁才、知恵の神として崇敬されている。その名に「財」とあることから、金運、財運に恵まれるともいわれる。六波羅蜜寺の本堂南に弁天堂が鎮座している。本尊の弁財天像は、崇徳院の霊夢をもとに、禅海上人が刻んだと伝わる。源平の戦乱後、阿波内侍の屋敷を寺にして安置されていたそうだが、廃仏毀釈で廃寺になったため六波羅蜜寺に移されたという（全身が黄金に輝く像は御前立で、スリランカから請来したもの）。また、本堂北側には銭洗弁天も安置され、その清水で清めたお金を蓄えどころに収めれば、金運がつくといわれている。

赤山の福禄寿神

福禄寿は南極星の化身で、中国の道士泰山府君に由来する神。幸福、富貴、長寿の三徳が与えられ、商売繁盛、延寿、健康、除災をもたらす。その姿は、頭頂が長く、経巻を結んだ杖を持つ。

泰山府君といえば、洛北赤山禅院である。祭神の赤山明神は、京都御所の鬼門に祀られ方除けの神として知られているが、福禄寿神はその赤山明神が天にある姿（ちなみに、地上に降り立った姿が泰山府君）だ。三徳に加え、方位除災・商売繁盛・延寿福楽の御利益があるとされる。江戸時代「赤山さんは掛取（集金）の神さんや」との噂がたち、赤山明神の縁日詣でが「五十払い」の風習を生んだといわれる。実際、今も集金前のお参りは多い。

豊臣秀吉ゆかりの寿老神

寿老神は中国の老子が天に上って仙人となった姿だという。手には難を祓う団扇を持ち、三千年の寿命をもつ鹿を連れている。長寿、諸病平癒、子宝に恵まれ、福財の功徳がある。

寺町にある革堂の名で親しまれる行願寺は、寿老神が鎮座する寺としても知られる。愛染堂の隣に建つ寿老神堂に、一・二メートルからなる極彩色の寿老神が安置されている。尊像に向かって「オンバサラユゼイソワカ」の真言を、普段の日は一日に三度唱えると福寿吉運が授かると言われている。革堂に寿老神が安置されるようになったのは、天正十八年（一五九〇）、豊臣秀吉の都市改造で荒神口へ移転したときのこと。二十センチほどの小さな像で、その本尊は宝物館に安置されている。

金色に輝く福福しい布袋尊

円満の神の布袋尊は、中国唐の時代に実在した禅僧に由来する。ふくよかな布袋腹で、杖と大きな袋を持って喜捨を求め歩いたという。中国では弥勒菩薩の化身として信仰された。

隠元禅師が創建した萬福寺に布袋尊は安置されている。異国情緒あふれる中国風の境内中央に天王殿が開かれてあり、布袋尊が祀られている。布袋像は隠元の命を受けて、范道生が寛文三年（一六六三）に造立した。ぽってりと突き出た腹と満面の笑顔はいかにも福々しい。この風貌が円満に通じるとされ、諸縁吉祥の御利益をもたらしてくれる福の神として七福神の一つに数えられるようになった。お参りは行きと帰りの二回するのがよく、行きは外で身についた邪気を払い、帰りは人格を高める智恵を授けてくれるという。

京の町家に祀られる鍾馗さんと布袋さん

古い町家の軒先や、玄関の上のほうに瓦製の鍾馗像が祀られている。同じく、走り庭をゆき台所のお竃《くど》さんの上の棚には、布袋さんの土人形が安置されている。

鍾馗さんと布袋さんは、「あんじょう暮らせますように」と願う町家に欠かせないお守りである。

京都において、愛宕の火廼要慎護符と布袋像は台所の象徴である。二月（旧暦の正月）の初午の日、山の神が馬に乗って地上に降りてくるので伏見稲荷大社に参詣しお迎えする。その帰りに伏見人形の布袋像を買って帰る風習がある。毎年順々に大きい人形を求め、七体まで揃うと、また最初から揃えてゆく。福よかな布袋像の並ぶ姿は、その家の繁栄のしるしでもある。本来、伏見稲荷は五穀豊穣を祈願する農耕の神であるが、豊穣をもたらすということから、人びとは商売繁盛を祈った。京の町家は職住一体を基本としており、表で商売を営み、奥で暮らしていた。その職場と住居をつなぐ台所に、伏見稲荷詣でのしるし—円満の福の神である布袋さん—を置くのは自然のなりゆきであった。その家に不幸がないかぎり七体つらねるのも、「七福即生」にあやかってのものなのだろう。

玄関の軒上の鍾馗像は本来、中国で疫病を祓う魔除けの神である。唐の玄宗皇帝の夢に現われた神で、大きな眼をかっと見開いた鬚面で、頭には黒い冠をつけ、右手に剣を持ち、子鬼をつかんだ、厳めしい姿かたちである。鍾馗さんは、病に臥していた皇帝の疫鬼を退け、病魔を祓ったという。また、この鍾馗さんの姿を

伏見稲荷千本鳥居
稲荷山の奥へと続く数千本の鳥居の回廊は、美しく、特に夕日が差し込むころなど、幻想的で不思議な感覚を体感することができる。鳥居の朱（あけ）の色は、生命、大地、生産の力を意味する。「願いが通る」ということから、祈願と感謝の思いを込めて、稲荷大神に朱の鳥居を奉納する。この奉納鳥居は、稲荷山に一万基も建つという。

朱で描くと、疱瘡《ほうそう》除けになると信じられていた。江戸時代に流行し、かの葛飾北斎も朱の筆で、鍾馗の画を描いている。魔除けの験がある恐い像というだけでも、充分に軒先に置く存在理由になるが、京の鍾馗さんはさらに強力である。いつしか、八坂神社のご祭神である素戔嗚命と鍾馗さんが同一視されていたのだ。その証拠に、祇園祭の宵山の日、夕刻より八坂神社で石見神楽が奉納されるが、魔物を退治する鍾馗は素戔嗚命になっている。

ともに強烈な力をもつ神であるが、京を護る素戔嗚命と鍾馗が合体して、祇園祭の厄除け粽同様、家の玄関先で鉄壁の護りをみせている。

	小町寺	左京区静市市原町1140
	江文神社	左京区大原野村町643
	三縁寺	左京区岩倉上蔵町
	下鴨神社	左京区下鴨泉川町59
	光福寺	左京区田中上柳町
	平安神宮	左京区岡崎西天王町97
	銀閣寺	左京区銀閣寺町2
	松ヶ崎大黒天	左京区松ヶ崎東町31
	知恩寺	左京区田中門前町103
【北区】	正伝寺	北区西賀茂北鎮守庵町72
	法音寺	北区衣笠街道道
	上品蓮台寺	北区紫野十二坊町33-1
	今宮神社	北区紫野今宮町21
	源光庵	北区鷹峯北鷹峯町47
	金閣寺	北区金閣寺町1
	上賀茂神社	北区上賀茂本山339
	西方寺	北区西賀茂鎮守庵町50
	上善寺	北区鞍馬口通寺町東入上善寺門前町338
	閑臥庵	北区烏丸通鞍馬口東入新御霊口町278
【右京区】	常照皇寺	右京区京北井戸字丸山14-6
	福徳寺	右京区京北下中町寺ノ下15
	源光寺	右京区常盤馬塚町
	仁和寺	右京区御室大内33
	愛宕神社	右京区嵯峨愛宕町
	月輪寺	右京区嵯峨清滝月の輪町7
	化野念仏寺	右京区嵯峨鳥居本化野町17
	清凉寺	右京区嵯峨釈迦堂藤ノ木町46
	大覚寺	右京区嵯峨大沢町4
	高山寺	右京区西院高山寺町18
【西京区】	地蔵寺	西京区桂春日町9
	善峯寺	西京区大原野小塩町1372
	大原野神社	西京区大原野南春日町1152
	首塚大明神	西京区老ノ坂峠
【伏見区】	伏見稲荷大社	伏見区深草薮ノ内町68
	大善寺	伏見区桃山町西町24
【南区】	吉祥院天満宮	南区吉祥院政所町3
	東寺	南区九条町1
	浄禅寺	南区上鳥羽岩ノ本町93
【山科区】	歓喜光寺	山科区大宅奥山田10
	徳林庵	山科区四ノ宮泉水町16
【八幡市】	石清水八幡宮	八幡市八幡高坊30
	神應寺	八幡市八幡高坊
【宇治市】	興聖寺	宇治市宇治山田27-1
	橋姫神社	宇治市宇治蓮華
	三室戸寺	宇治市莵道滋賀谷21
	萬福寺	宇治市五ヶ庄三番割34
【長岡京市】	楊谷寺	長岡京市浄土谷2
	乙訓寺	長岡京市今里3-14-7
【大山崎町】	宝積寺	乙訓郡大山崎町大字大山崎字銭原
【大津市】	延暦寺	滋賀県大津市坂本本町4220

掲載の社寺

【上京区】	幸神社	上京区寺町今出川上ル西入幸神町303
	白峯神宮	上京区今出川通堀川東入飛鳥井町261
	晴明神社	上京区堀川通一条上ル
	水火天満宮	上京区堀川通上御霊前上ル扇町722-10
	霊光殿天満宮	上京区新町通今出川下ル徳大寺殿町365
	上御霊神社	上京区上御霊前通烏丸東入
	大将軍八神社	上京区一条通御前西入
	千本閻魔堂	上京区千本通芦山寺上ル
	北野天満宮	上京区馬喰町
	東向観音寺	上京区今小路御前西入上ル観音寺門前町863
【中京区】	法雲寺	中京区清水町364-1
	本能寺	中京区寺町通御池下ル下本能寺前町522
	矢田寺	中京区寺町三条上ル天性寺前町
	六角堂	中京区六角通東洞院西入堂之前町248
	錦天満宮	中京区新京極通四条上ル中之町537
	長仙院	中京区河原町六角西入松ヶ枝町
	瑞泉寺	中京区木屋町通三条下ル石屋町114
	空也堂	中京区蛸薬師通堀川東入亀屋町
	革堂	中京区寺町通竹屋町上ル行願寺門前町17
	神泉苑	中京区御池通神泉苑町東入
【下京区】	文子天満宮	下京区間之町通花屋町下ル天神町400
	蓮光寺	下京区富小路通六条上ル本塩竈町534
	命婦稲荷	下京区堺町通松原下ル鍛冶屋町
	繁昌神社	下京区高辻室町西入繁昌町
	神田神宮	下京区四条膏薬図子下ル
	菅大臣天満宮	下京区仏光寺通新町西入菅大臣町
【東山区】	建仁寺	東山区大和大路四条下ル小松町584
	恵美須神社	東山区大和大路四条下ル小松町
	新熊野神社	東山区今熊野椥ノ森町42
	法住寺	東山区三十三間堂廻町655
	養源院	東山区三十三間堂廻町656
	三十三間堂	東山区三十三間堂廻町657
	方広寺	東山区大和大路正面茶屋町527-2
	泉涌寺	東山区泉涌寺山内町27
	今熊野観音寺	東山区泉涌寺山内町32
	八坂神社	東山区祇園町北側625
	清水寺	東山区清水1丁目294
	六道珍皇寺	東山区松原通東大路西入北側
	西福寺	東山区松原大和大路東入ル轆轤町
	六波羅蜜寺	東山区松原通大和大路東入2丁目轆轤町81-1
	法観寺	東山区清水八坂上町388
	安井金比羅宮	東山区東大路通松原上ル下弁天町70
	粟田神社	東山区粟田口鍛冶町1
	大日堂	東山区粟田口粟田山南町
【左京区】	赤山禅院	左京区修学院開根坊町18
	鞍馬寺	左京区鞍馬本町1074
	貴船神社	左京区鞍馬貴船町180
	蛇寺	左京区大原長瀬町
	宝泉院	左京区大原勝林院町187
	阿弥陀寺	左京区大原古知平町83

蔵田敏明（くらたとしあき）
1954年、広島県生まれ。名古屋外国語大学教授。劇団「創作工房」主宰。また映画専門誌「浪漫工房」の編集に携わるなど、多彩な活動を続けている。著書に『時代別京都を歩く』（山と溪谷社）『平家物語の京都を歩く』『徒然草の京都を歩く』（共に淡交社）など多数。

京都・魔界への招待

2009年9月11日　初版発行

著　者　蔵田敏明
発行者　納屋嘉人
発行所　株式会社　淡交社
本社　京都市北区堀川通鞍馬口上ル
営業（075）432-5151
編集（075）432-5161
支社　東京都新宿区市谷柳町39-1
営業（03）5269-7941
編集（03）5269-1691
http://www.tankosha.co.jp

印刷・製本　図書印刷株式会社

ISBN978-4-473-03591-2